世界一のメンタル

朝日大学教授・メンタルコーチ
白石豊

×

エアレース・パイロット
室屋義秀

ACHIEVEMENT

はじめに

この本では、日頃培った力を本番で発揮するための強靭なメンタルを身につける方法を教える。

私はメンタルコーチとして、バスケットボール日本代表の荻原美樹子選手や、剣道の内村良一選手など、世界レベルで活躍する一流のスポーツ選手たちを指導してきた。その経験から確信をもって言えることがある。

どんなに優れた技術を持っていても、メンタルが不安定であれば実力を発揮できず、結果は残せない。ビジネスも同じだ。もしあなたが自分のビジネスのために根気よく学び、ブラッシュアップを重ね、それでも結果が出ていないならば、肝心要のときに力を発揮するためのメンタルトレーニングに目を向ける必要がある。

私とともにこの本を書いた室屋義秀くんは、2017年のレッドブル・エアレース・ワールドチャンピオンシップでアジア人初のワールドチャンピオンに輝いた。幼いころから将来パイロットになる夢を抱き、22歳で「操縦日本一」を目指すことを決めた室屋くんも、順風満帆にここまでのキャリアを積み重ねてきたのではない。むしろ、私が室屋くんと出会った２０１０年、彼のメンタルは非常に危うかった。

２００９年からレッドブル・エアレース・ワールドチャンピオンシップに参加するようになった(世界でわずかに14人)室屋くんだったが、この年は12位、翌２０１０年も13位と、まったく成績を残せないでいた。自分のメンタルの弱さに気づいた室屋くんは、メンタルトレーニングに活路を見出し、私の本を読んで直接会いたいと電話をかけてきてくれたのだ。その後、彼がどのようにメンタルを立て直し、年間世界一というタイトルを手にするに至ったのかは、本書をご覧いただきたい。

メンタルトレーニングとは、知るだけで一瞬にして成果が出るというような安直なものではない。日々の地道な鍛錬を繰り返し、自分を見つめなおす方法である。目標を実現するためにメンタルをコントロールする必要があるのは、スポーツもビジネスも同じだ。

この本が、あなたがビジネスで実力を発揮するための一助となることを願う。

２０１８年７月　メンタルトレーナー　白石豊

序章　いざ決戦のとき

日本時間2017年10月15日夜8時、アメリカのインディアナポリスにいる室屋から、白石に電話がかかってきた。室屋はこの日、レッドブル・エアレース・ワールドチャンピオンシップの年間世界一を決める最終決戦を6時間後に控えていた。

2017年シーズンの室屋は好調で、7戦して3勝、年間ランキングも首位と4ポイント差で2位につけていた。しかし、電話から聞こえてくる室屋の声は心なしか沈んでいた。聞けば、前日行われた予選でミスを犯し、11位に終わってしまったというのである。

フライトタイムそのものは1分5秒732と、全体の中でもそれほど遅いものではなかった。

しかし、後半の第11ゲートでインコレクトレベルというミスを犯したため、2秒のペナルティーを課せられ、合計1分7秒732というタイムで11位に沈んだのだった。

決勝の1回戦は、ラウンド・オブ14と呼ばれている。対戦相手は、予選の結果に応じて、予選1位対14位、2位対13位といった具合にたすき掛けの組み合わせとなっている。

したがって、予選11位の室屋は、4位の選手と1回戦を戦うことになる。その相手こそが、7戦を終えて年間ランキング1位のマルティン・ソンカだった。

室屋は白石に「先生、1回戦からいきなりソンカですよ」と言ってきた。その言葉からは、ちょっと気持ちが引けている様子がうかがえた。すぐに白石は、「狙ってやったの」と問い返した。室屋は、「いえいえ、そんなことはありません。まったくの偶然です。自分のタイムはコントロールできますが、相手のフライトは無理ですから」と答えた。

それを聞いた白石は「いや、かえってよかったんじゃないの」と言った。

「つぶしてしまえばいいんだよ。1回戦からソンカをつぶしてしまえば、最終戦で彼はポイントゼロになる可能性が高くなるじゃないか。だからといって対戦相手を意識してフライトすることは禁物だよね。相手や結果に意識が向けば、集中力は削がれてしまう。そんなことはこの7年間で嫌というほど学んだじゃない。目の前の一瞬一瞬に集中して、自分のすべてを出し切って飛べばいいんだよ。それができた試合は、今年3回もあって、すべて優勝したんだから」

この白石の言葉を黙って聞いていた室屋は、あっけにとられたという。心の中では、「それはそうですけど、なかなかうまく割り切れないから電話しているんじゃないですか」とさえ思った。室屋は後に、「あの時は先生と10分か15分ぐらい話をさせてもらって、心を落ち着けたいなと思っていたんです。それがあまりにもあっさりと言われたので。ちょっとびっくりしましたね」と振り返っている。

このことについて白石は、「いえいえ、これまでの私の長い経験の中で、オリンピックでも世界選手権でも、肝心要の試合の直前に、あれこれ長話をしてもあまり良い結果にはつながらないんですよ。そんな時はできるだけシンプルに話して、選手の頭の中をすっきりさせてあげるのが私の役目だと思っていますから」と述べている。

最終決戦、開幕

2人の電話の6時間後、日本時間10月16日月曜日、午前2時（現地時間10月15日日曜日、正午）、NHK BS1で決勝の放送が開始された。

その夜、白石はほとんど睡眠をとらず、テレビのスイッチを入れた。現地インディアナポリスの天候は荒れており、放送開始直前まではかなりの雨と風が吹き荒れていたという。このまま天気が回復しなければ、中止もやむなしの荒天だった。

しかし、放送が始まって間もなくして雨は止み、決勝戦の1回戦は、30分ほどの遅れでスタートできることになった。日本時間午前2時半を過ぎたところで、予告された通り、ラウンド・オブ14がスタートした。雨はすっかり止んでいたが、強風は相変わらず吹き荒れていた。

1回戦第1組目は、フランスのミカ・ブラジョー（ランキング10位）対カナダのピート・マクロード（ランキング3位）の対戦となった。パイロンが大きく風で揺れる中、ブラジョーが飛び立った。

彼は強風の中で慎重に機体を操り、大きなミスもなく1分6秒752というまずまずのタイムでゴールした。

続くは、室屋と同じく逆転で年間世界一のチャンスが残っているピート・マクロードである。彼も安定した飛行ぶりで、大きなミスもなく1分6秒598というタイムでゴールに飛び込んできた。しかし、ゴールに飛び込んだ最後の瞬間に、強風のため左に機体が流され、左の翼がパイロンをヒットしてしまったのである。このミスがなければ0・063秒というわずかな差ではあったが、ピートがミカを下しラウンド・オブ8へ進出したはずだった。パイロンヒットは3秒のペナルティーである。この結果、ピートの年間世界一という夢はあえなくついえた。

1回戦2組目は、室屋とソンカの対戦である。

室屋がスタートしようとしたとき、風はさらに強くなっていた。快調なスタートを切った室屋だったが、スタートしてわずか25秒後の第4ゲートで機体が風に大きくあおられ、インコレクトレベルのペナルティー（2秒）を課されてしまった。

しかし室屋は、このペナルティーをまったく引きずることなく、素晴らしいフライトでゴールに飛び込んできた。タイムは1分6秒１３４。もしペナルティーがなければ、1分4秒13というとてつもないタイムだった。

そうはいっても、相手は現在世界一のソンカである。もしミスがなければ、楽に1分5秒台でゴールするだろう。ソンカのフライトも素晴らしく、2回目の垂直ターンを終えた時点では、約2秒ほど室屋をリードしていた。しかし残り10秒少しとなったとき、ゲートに切れ込んだソンカの機体の右翼がパイロンをヒットした。3秒のペナルティーである。

タイムは1分7秒８６６となり、室屋と白石の思惑通りに、直接のライバルであるソンカを1回戦で見事に叩きつぶすことになったのである。

このままソンカが1回戦敗退で終われば、彼のこの試合での獲得ポイントはゼロとなる。もしそうなれば、この後室屋がファイナル4まで進めば、室屋の年間世界一が決定することになる。

日本でこのシーンを見ていた白石は、「よくやった」とテレビの前で叫び、室屋が年間世界一となることを確信したという。

一騎打ちの戦い

しかし、勝負はやはり終わってみなければわからない。この後、残り5組の1回戦が行われたが、世界の名手たちも強風に悩まされ、相次ぐパイロンヒットで本来のタイムを出せなくなっていく。ラウンド・オブ14の勝ち上がりは7人である。さらに敗退した7人の中から、最速タイムを出した選手が、ラウンド・オブ8に勝ち上がることになる。

つまり、敗者復活である。なんとその8位にソンカが残ることになった。

さらにこの大荒れの1回戦で、第7戦まで世界ランキング3位だったピート・マクロードとカービー・チャンブリスが、敗退してしまったのだった。

この結果、室屋とソンカの2位以上が確定。まさに2人の一騎打ちとなり、勝負の趨勢はあと2回のフライトで決まることとなった。

ラウンド・オブ8の組み合わせは次のようになった。

第1組　ミカ・ブラジョー　VS　室屋義秀

第2組　ペトル・コプシュタイン　VS　マティアス・ドルダラー

第3組　マイケル・グーリアン　VS　ファン・ベラルデ

第4組　マルティン・ソンカ　VS　マット・ホール

室屋は第1組目、フランスのミカ・ブラジョーとの対戦となり、敗者復活で生き残ったソンカは第4組目で、前年の年間世界2位のマット・ホールとの対戦となった。

このフライト順が、最後の最後で室屋に有利に働くことになろうとは、この時点では誰一人として予想できなかった。

ラウンド・オブ8

ラウンド・オブ8の1組目、まずミカ・ブラジョーがスタートした。

1回戦で強豪選手が強風のためパイロンヒットを繰り返し、次々と敗れ去っていたのを目の当たりにしてか、ミカは慎重に機体を操り、ペナルティーを課せられることなくゴールした。しかし、タイムは1分7秒126という平凡なものに終わってしまった。

続いて室屋がスタートした。

彼は快調に飛ばし、次々と難所を克服してゴールに飛び込んできた。タイムは1分4秒557で、ミカをなんと2・5秒以上も引き離しての大差の勝利であった。これでまず室屋のファイナル4への進出が決まった。

続く第2組は、昨年度の年間世界チャンピオンであり室屋の盟友であるドイツのマティアス・ドルダラーが、コプシュタインに勝利してファイナル4進出を決めた。

次の第3組は、マイケル・グーリアンとファアン・ベラルデの対戦となった。

まずグーリアンが勢いよく飛び出したが、途中でパイロンヒットがあり、結局1分8秒006というタイムに終わってしまった。

続いて3秒の優位を持って、ベラルデがスタートした。彼はペナルティーを犯すことなく飛び切り、1分6秒075というタイムでゴールした。この結果、ベラルデのファイナル4進出が決まった。

ついに最後の4組目の対戦がやってきた。

ここでもしソンカが敗れれば、室屋の年間世界一が決まることになる。最初は1回戦8位のソンカのフライトである。

スタートは147ノットと比較的遅い入りだったのだが、途中のコース取りが素晴らしく、どんどんスピードを上げながらゴールに飛び込んできた。タイムは1分4秒995で、これは室屋に遅れることわずか0・5秒という好タイムだった。

続くホールには、大きなプレッシャーがかかることになった。ホールは勢いよくスタートしたが、スタート直後の第2ゲートで早くもパイロンヒット、3秒のペナルティーが課せられた。さらに1回目の垂直ターンの直後のゲートを通過する際に、インコレクトレベルのミスを犯し、2秒のペナルティーが加えられることになった。

タイムは何と1分11秒359である。

この結果、1回戦を敗者復活でかろうじて通過したソンカが、ファイナル4に進出し、最後の最後まで室屋と年間世界一を争うことになったのである。

最後の因縁

いよいよ最後の決戦のときが来た。最後に残った4人は、室屋、ドルダラー、ベラルデ、そしてソンカである。

最初に室屋が飛び立った。

室屋がラウンド・オブ8でゴールしてから、ちょうど30分が経過していた。この30分が大きかった。室屋の機体のエンジンは十分にクーリングダウンされ、最高の状態に回復していたのである。

最後の室屋のフライトは神がかっていた。

これでもかといわんばかりの、ギリギリのコース取りで次々とパイロンを通過し、恐ろしいスピードでゴールに飛び込んだ。

タイムはなんと1分3秒026。

この瞬間、地上にいたインディー500で初の日本人チャンピオンとなった佐藤琢磨は、両手を高々と上げてガッツポーズをした。その横にいたチーム室屋のアナリスト、ベンジャミン・フリーラブも、信じられないという表情を浮かべて天を仰いだのだった。

ベンジャミンは、世界トップクラスのアナリストである。その彼が計算した最速のコース取りでフライトしたとしても、1分4秒を切ることは困難であるという計算結果が出ていた。

しかし、室屋の最終フライトは、それよりも1秒近くも速かったということになる。このタイムによって、室屋の最終戦の優勝はほぼ確実となった。

それでも、年間世界一はまだ決まらなかった。敗者復活からファイナル4に駒を進めたソンカの粘り強さが、勝負の行方を最後の最後までわからなくしていたのである。この時点で、室屋が年間王者になるには、最終戦で室屋が1位、ソンカが3位以下の必要があった。

2番目のフライトは室屋の盟友であるマティアス・ドルダラーだった。彼は昨年の年間世界チャンピオンだが、今年はミスが多く第7戦を終わって8位というランキングに沈んでいた。

果敢にコースを攻めたドルダラーのタイムは、1分5秒546。最後に待つソンカに大きなプレッシャーを与えるタイムとなった。

3番目は、ファン・ベラルデだった。

レッドブル・エアレースに参戦して間もない彼は、表彰台に上がるチャンスに燃えていた。彼は機体を巧みに操り、1分5秒829というタイムでゴールに飛び込んできた。これもまた好タイムだった。

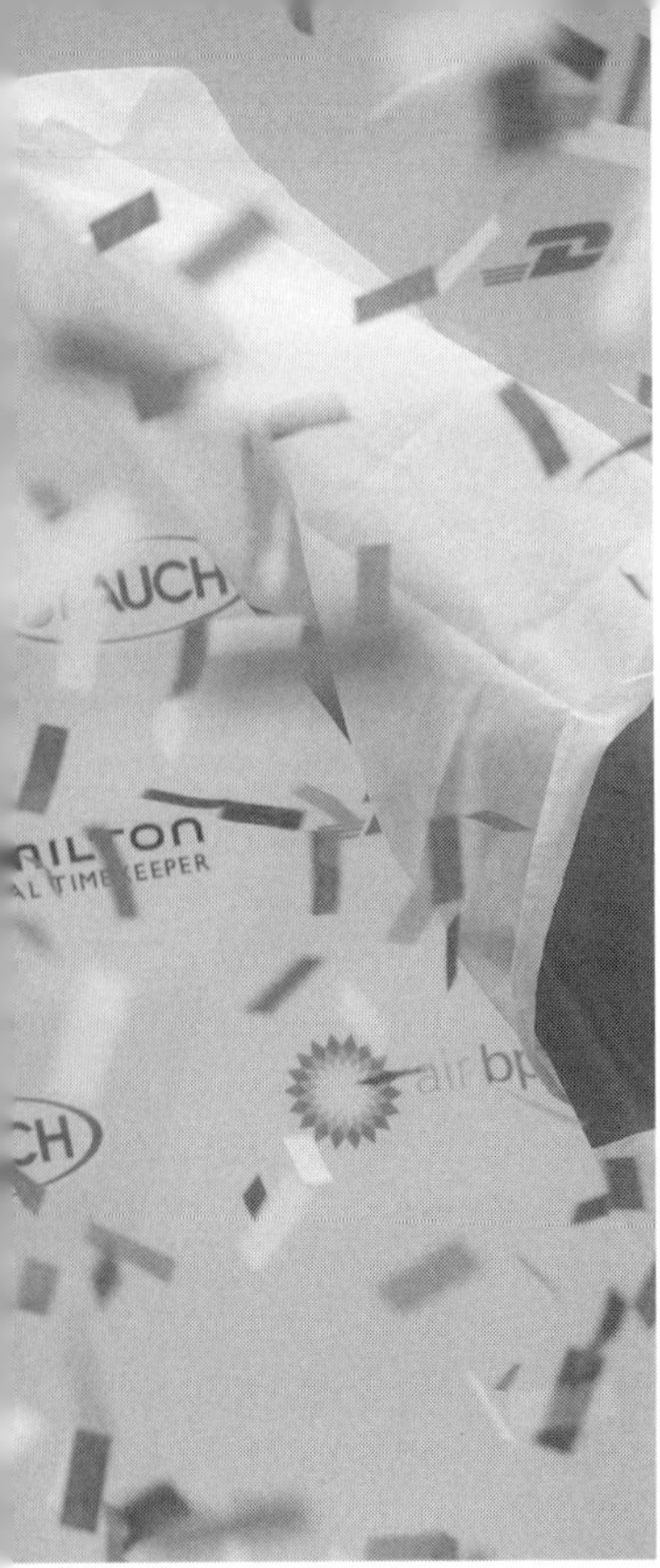

年間世界王者へ

最後のフライトは、室屋の最大のライバルであるマルティン・ソンカ。

彼が年間世界一のタイトルを取るためには、ドルダラーの出した1分5秒546を上回る必要があった。

いよいよソンカがスタートした。

しかしこの時、彼がラウンド・オブ8でゴールしてから、わずか26分しか経過していなかった。つまり、彼のエンジンは十分にクーリングダウンされていなかったのである。

各ゲートを通過していく彼のターンテクニックは見事なものであった。

しかし残念ながら、スピードに伸びがなかった。半周を残した時点で、室屋との差はすでに4秒近くもつい

ていた。

懸命に機体を操ってゴールに飛び込んできたソンカだったが、そのタイムは1分7秒280で、最下位だった。

それは同時に、室屋の年間世界一が決定した瞬間でもあった。

室屋義秀「世界一のメンタル」達成までの道のり

西暦	年齢	出来事	メンタル
1991	18	中央大学入学とともに航空部へ入部	
1995	22	ブライトリングワールドカップで見たエアロバティックスに衝撃を受け、「操縦技術世界一」を目標に定める。	
1997	24	世界有数のエアロバティックス教官ランディー・ガニエに師事。一ヵ月におよぶトレーニングキャンプを経て、初の競技会に参戦。また、アドバンスクラス世界選手権の日本代表チームの一員となる。	
1998	25		道を見失う。流されるままに下り続ける。自らが変化し、成長することへの恐怖を感じる。荒れた日々を過ごす。
1999	26		
2000	27	航空イベント会社「パスファインダー」設立。再びパイロットを目指して再始動する。	
2001	28		
2002	29	スホーイ26を導入。競技志向型エアショーチーム「TEAM DEEPBLUES」を立ち上げ、活動を開始。	限界に達したとき、人からの助けがあることを経験する。
2003	30	アンリミテッドクラス世界選手権へ初挑戦し、トップパイロットとの実力差を痛感する。ホームベースのふくしまスカイパークでNPO法人ふくしま飛行協会を設立。	

2004	31	ロバート・フライとともに本格的なフォーメーションフライトを開始。エアロバティックスの帝王ユルギス・カイリスを加えた三機でフォーメーションチーム「エアバンデッツ」を結成。	一時の安定を抜けだして、変化していくことに恐怖を感じる。
2005	32	「POCARI SWEAT」のスカイタイピングプロジェクトを手掛ける。	
2006	33	アラブ首長国連邦で開催されたアルアインエアショーに参加。NPOふくしま飛行協会がふくしまスカイパークの飛行場管理者となる。	再び世界一をめざしはじめる。世界をめざす覚悟が今まで不十分だったことに気づく。決意を腹に落とす。
2007	34	レッドブルとスポンサーシップ契約を結ぶ。新型機エクストラ300Sを導入。6月にアンリミテッド世界選手権に参戦。11月、ソロパイロットとしてFAIワールドグランプリ・オートボルテージュに初参戦。	レッドブルがスポンサーになるというチャンスを得て、トレーニングに打ち込む。
2008	35	レッドブル・エアレース参戦を目指すトレーニングキャンプに参加。7月、チェコで開催されたヨーロッパ選手権に参戦。9月に開催されたクオリフィケーションキャンプにて、エアレース参戦に必要なスーパーライセンスを取得。11月、オートボルテージュに参戦。パブリックアワードで一位を獲得する。翌2009年のレッドブルエアレース参戦が正式に発表される。	

西暦	年齢	出来事	メンタル
2009	36	レッドブル・エアレース・ワールドチャンピオンシップに日本人初参戦。最終戦では6位に入賞するも、課題が残るシーズンに。最も活躍した冒険家・挑戦者などに贈られるファウストA・G・アワードで挑戦者賞を受賞。エアロバティックスと航空スポーツの安全追求、啓蒙活動を本格的に開始。	トレーニングが不足し、バランスが急激に崩れていく。他人からどう見られているかを最も重視するようになり、苦しむ。
2010	37	レッドブル・エアレース・ワールドチャンピオンシップ2010に参戦するも、ミスやトラブルが頻発したうえ、7戦、8戦が開催中止に。翌11年の開催も休止が決定し、パイロット人生が危うくなる。国内で第一回全日本曲技飛行競技会を開催し事務局を務める。	絶望し、飛ぶのをもう諦めようと考えるなか、書店で手にした一冊の本をきっかけに、**メンター白石豊と出会う。メンタルコントロールを一から学び、実践する。**
2011	38	3月11日に起きた東日本大震災でホームベースのふくしまスカイパークが被害を受ける。世界選手権参戦をいったん白紙に。震災後しばらくヘリコプターによる緊急支援活動に取り組む。5月には「GW特別行事・少年少女航空教室」を開催し、被災した子どもたちに対してエアショーを披露。10月には第2回全日本曲技飛行競技会を開催し、安全委員長を務める。	
2012	39	福島に元世界チャンピオンのパトリック・パリスを迎え、世界選手権に向けたトレーニングキャンプを実施。8月、アドバン	飛ぶ楽しみを再発見する。

		ス世界曲技飛行選手権に参戦。福島をＰＲする福島県の「あったか観光交流大使」に就任。	
2013	40	世界曲技飛行選手権で初の6位入賞。レッドブル・エアレース再開に向けたクオリフィケーションキャンプに参加、スーパーライセンスを再取得。	
2014	41	レッドブル・エアレースが再開。第二戦クロアチアで初の表彰台入りを果たし、総合では9位となる。	レッドブル・エアレース第３戦の直前に、ふくしまスカイパーク近郊で不時着事故が発生。事故処理や代替機の手配などに忙殺される。
2015	42	5月、レッドブル・エアレース日本初開催。最新機エッジ540 V3を導入。年間総合成績が6位となる。9月には子どもを対象としたスカイスポーツ・プロジェクトで講師を務める。福島市の魅力を国内外に発信する「福島市ももりん大使」に就任。	チーム体制を整える。ファンや支持者とのシナジーが発揮される。
2016	43	6月、レッドブル・エアレース千葉大会にて初優勝。年間総合では6位となる。福島県スポーツ振興と地域活性化を担う「ふくしまスポーツアンバサダー」に就任。一般財団法人日本航空協会「空の夢賞」受賞。	
2017	44	レッドブル・エアレースの第2戦サンディエゴ、第3戦千葉で優勝。その後第7戦ラウジッツ大会、第8戦インディアナポリス大会でも優勝する。**アジア人初のワールドチャンピオンに輝く。**	

世界一のメンタル　目次

第1章
メンタルトレーニング開始

第2章

自信をつける

第3章 緊張をいかにとるか

第4章 集中力を保つ

第5章

不動心を確立する

第1章

メンタルトレーニング開始

２０１０年　２人の出会い

レッドブル・エアレース・ワールドチャンピオンシップ（以下、エアレース）とは、最高時速３７０km、最大重力加速度10Gの中でタイムを競い合う世界最高峰の３Dモータースポーツだ。アジア人として唯一、エアレースに２００９年シリーズからパイロットとして参戦している室屋義秀は、２０１７年シリーズで初めて念願となる世界王者に輝いた。

彼が世界の頂点に立つまでの道のりは決して平坦なものではなかった。２００９年にエアレースデビューした室屋にとって、時速３７０kmものスピードで飛ぶこと自体が非常に困難だった。レーストラックを飛行する度に、レース機のスピードに自分の感覚をついていかせることができなかったのだ。飛行前は極度の緊張によりまともに飛べるのかと不安ばかりが募っていた。また、飛行中は目の前に現れる2本のパイロンのあいだをすり抜けられずに何度もヒットさせてしまい、パイロンヒット数年間最多の者に贈られる「パイロンヒット王」という表彰まで受けていた。シーズン最終戦ではどうにか立て直して6位となったが、自身が掲げる世界一にはまったく及ばず、課題ばかりが残るシーズンとなった。

前年の反省を活かすべく挑んだ2010年シリーズでは、年間総合7位(前年13位)という大きな目標を掲げていた。しかし、周りからの過剰な期待を気にし過ぎたこととトレーニング不足がたたり、メンタルコントロールを失った室屋は浮足立ち、考えられないようなミスやトラブルが頻発した。第4戦カナダでのレース1週間前、テストフライト中にキャノピー(操縦席を覆う透明なふた)が吹き飛び、時速370km近い猛烈な突風を浴び、目を開けることすら不可能になった。次のレースでも代替機が破損したため、その後2戦連続で休場せざるを得なくなった。

もがけばもがくほど深みにはまっていく室屋に追い打ちをかけるように、第7戦(ハンガリー)と第8戦(ポルトガル)が中止となり、翌2011年に開催されるはずだったエアレースが、安全対策を見直すために休止となってしまったのである。これは室屋のパイロット人生を左右する一大事だった。メディアに取り上げられる機会が減りスポンサー企業が撤退すれば、競技者としての活動そのものができなくなるかもしれない。室屋の頭にはさまざまな不安が駆け巡っていた。チームのメンバーも休止をうけ、一旦室屋の元を去っていった。

そんなときに、書店でたまたま手に取った1冊の書籍が、白石豊の共著作『スポーツ選手のための心身調律プログラム』であった。

室屋：「その本には、スポーツ選手がケガや悩みを抱えてしまったときにどのようにしてスランプを克服し、集中力を高めてパフォーマンスを発揮すれば良いのかについて、具体的な理論と実践が書いてありました。ここまでの内容が記載された書籍に出会ったことは初めてでしたし、これはほんとうに面白いなと思いましたね。書籍にあったプロフィールによると白石先生は福島にいるようでした。どうしても先生に一度お会いしたくなり、当時校長を務めていらした福島大学附属中学校に早速電話をしました」

「わたしはエアレースやエアショーのパイロットとして空を飛んでいます。先生に色々と教えていただきたいです。電話では分からないこともあるので、ぜひお会いしたいです」

30年以上にわたってトップアスリートのメンタルサポートを続けてきた白石にとって、こうした直接の電話を受けることは珍しいことではない。だが、このときばかりはさすがに面くらった。これまで数多くの選手を指導してきた白石も、空を飛ぶ競技のアスリートからの相談は初めてだったのだ。

「エアレースがどのような競技なのか分かりません。とにかくイメージが湧かないので、競技のDVDを持ってきてもらえますか?」

突然の電話にもかかわらず、白石から面談の許しを得た室屋は、2010年8月30日に福島大学附属中学校の校長室を訪れた。

――初めて対面して

白石と初めて会ったとき、室屋は生活が立ち行かなくなるのではないかという、どん底の〝底〟にいて、「ポジティブ心理学」や「メンタルトレーニング」に関する書物を読み漁り、必死に解決策を模索していた。やることなすこと全てがうまくいかず、先の見えない暗闇に陥った室屋の生活は、心ある友人からの金銭的な援助や食べ物の差し入れなどによって、ギリギリの低空飛行で成り立っていた。

「身なりから判断して、かなり苦しいのではないかと思った」と、後に白石が語るほど、室屋の困窮ぶりは目に見えていた。「エアレースとは何か?」「なぜ自分はパイロットをしているのか?」。淡々と競技について、夢について語る室屋。決して饒舌なタイプではない室屋の、一つひとつの言葉に含まれた、孤軍奮闘するアスリートの努力の重みを白石は敏感に感じ取っていた。競技の特殊性という点を除いても、室屋はこれまで指導してきたアスリートとは何もかもが異色だ。国内で活動を開始するため、2002年に購入した飛行機は3000万円。借金をして飛行機を購入してまで「操縦技術世界一」という夢にかける情熱を胸に、室屋はチームのマネジメントからスポンサー探しまで1人で全てを背負って戦っていた。常人には計り知れない、室屋の数々の苦難に思いを馳せると、メンタルコーチとしての白石の心に火が点いた。

白石：「目の前のまじめな青年が迷いに迷い、自分を頼りに来ている。今までまったく知らなかった分野の競技なので、正直どうしようかと困りましたが、これまでさまざまなスポーツの選手たちをサポートしてきた経験から、室屋くんの場合も役に立つことはできそうだなと瞬間的に思えましたね」

白石は、室屋の持参したDVDを再生してさらに驚愕した。人間が操縦しているとは思えない急旋回、急上昇急降下を縦横無尽に繰り返す機体、0・001秒を競ってしのぎを削る最高時速370km、最大重力加速度10Gの世界……。自身のキャリアから体操競技の選手はもちろん、スキーやスピードスケートのような猛スピードの世界で勝負するアスリートたちをこれまで数多く指導してきた。しかし、そんな白石の目にも極限状態で空中の競技をするエアレースの激しさ・恐ろしさは〝別次元〟として映った。

「レースが始まれば競技に集中できます。しかし、レース前の恐怖心、緊張がどうしても払拭できないのです」

白石に悩みを打ち明ける室屋の心情をかりに第三者が聞いたとしても、その実態を推し量ることはおそらくできないであろう。しかし、数々のアスリートを見てきた白石は、そのプレッシャーがどれほど大きなものであるのかを理解することができ、室屋の可能性を実感した。そして、室屋の話に耳を傾け、ゆっくり頷きながら口を開いた。

「あんな飛行をすれば誰だって恐ろしくなりますよ。でも大丈夫、良い選手ほど怖がりなんです。ボクシングの世界チャンピオンだって、試合前の控室で震えています。それがいざリングに上がると、その恐怖を戦いのエネルギーに変えることができるんです。日ごろの練習だって、『失敗したらどうしよう。負けたらどうしよう』という怖さがあるからこそ、つらいトレーニングにも耐えられるんだから。恐怖心が強いほど選手は練習をします。一流はみんな臆病なんです。『たいしたことないや』と言う人ほど、試合が始まった途端に震えて力を発揮できないことが多いのです」

２０１０年のエアレースの結果は15人の中で年間12位。これまで一度も表彰台に上がったことがなく、トップ争いをする選手たちとの差が激しかったが、室屋の目標は明確だった。

「自分の技量も、機材も、チームの体制もトップとは程遠いレベルです。しかし、一つずつ積み上げていって、7年後の２０１７年に、世界一になりたいんです！」

こうして白石は、室屋のメンタルトレーニングの指導を引き受けることになった。7年越しでエアレース界のトップに立つことは、あまりにも壮大で非常に遠い道のりだ。しかし、室屋には輪郭すら見えなくとも、めざす頂をはっきりと見据えて歩んでいく固い決意があった。

奇しくも２０１０年は、白石のメンタルコーチ生活30年間の中でも特別な年だった。3年半指導をしていたスピードスケートの田畑真紀選手がバンクーバーオリンピックで銀メダルを獲得し、サッカー日本代表の岡田武史監督が南アフリカワールドカップで史上2回目となるベスト16という成績を残した。プロ野球界では長く指導してきた田中賢介選手（現北海道日本ハムファイターズ）がキャリアハイの打率3割3分5厘をマークし、シーズン終了まで首位打者争いを演じた。

最高の結果を残していたメンタルコーチの門を、最低のシーズンを終えたばかりの選手が叩いたのである。白石はすぐにトレーニングを始めようとはせず、室屋にある〝意外な提案〟をした。

――トップアスリートたちとの出会い

1冊の本を手に取った室屋が白石の校長室を訪ねた8月30日は、メンタルコーチ白石豊にとって節目となる大きなイベントの前日でもあった。岡田武史監督率いるサッカー日本代表の3年間のチームづくりをサポートし終えたばかりで、翌日の8月31日には白石主催で、福島市内にあるエルティという式場のホテルで「岡田武史監督の937日の戦いを慰労する会」を開催予定だったのである。

白石：「室屋くんが電話をしてきて飛びこんできたのは岡田さんの慰労会の前日でした。彼はほんとうに縁のある人で、面白いなと感じたので招待しました。彼が世界一になりたいと言わなければ誘っていなかったですよ」

室屋は岡田監督と聞いて、初めは誰のことなのか分からなかったという。サッカー南アフリカワールドカップで、日本代表監督として時の人となっていた岡田武史だとはとても思えなかったからである。そのような貴重な場に自分が招待されていることはあまりにも現実離れしていた。選手ではない人が、なぜ毎月1回、3年間も福島までチームづくりの相談に通っていたのか？　慰労会の会場には白石を長年慕い、指導を受けてきた総勢100名程が集まり、岡田監督と白石の3年間の歩みに聞き入っていた。

当日はさまざまな種目のトップアスリートや指導者が参加した。室屋は、会場で田畑真紀氏（スピードスケート）、萩原美樹子氏（バスケットボール）、白井一幸氏（プロ野球）といったアスリートたちとテーブルを共にした。多くの体験談を耳にするとともに、メンタルトレーニングへの期待が膨らんできたという。

室屋：「わたしが話を聞いたみなさんは、白石先生と出会ってから成績がどんどん上がっていったと言っていましたね。先生のメンタルトレーニングとは一体なんなんだろう？　修行みたいなことをやるのかな？　とより興味が深くなりました」

会の最後、主催者挨拶で白石はおもむろにこのような話をしている。

「ここにはわたしと10年、20年、30年もお付き合いをしてくれている人たちが集まったわけですが、1人だけ、出会ってからまだたった半日の人がいます」

参加者たちは一斉にざわめく。一流アスリートだけではなく、政治家や競技団体の役員など著名人が数多くいる場所で、誰がその人なのかと皆、興味津々だった。白石は室屋のすわるテーブルに目を向けると、笑顔で促した。

「室屋くん、立ってくれる？　皆さん、彼はレッドブル・エアレースで、これから世界一をめざす男です。ぜひお見知りおきください」

会場には世界一が大好きな選手や指導者がたくさんいたため、大歓声となった。注目を一身に集め、とまどいながら会釈をする室屋の姿がそこにあった。不遇のシーズンを送り何もかも失いかけたが、ふたたび羽ばたくための準備は整った。それから1週間後、いよいよ白石と室屋の二人三脚のメンタルトレーニングが始まることになる。

心身調律プログラムの開始

室屋は、幼少期から「機動戦士ガンダム」のアムロ・レイに憧れを抱いていた。「空を自由に飛びたい」という思いからパイロットをめざすようになり、世界最高峰のエアレースで操縦桿《そうじゅうかん》を握るまで上り詰めたわけだが、「飛行前の〝緊張〟は何をしても払拭し難い悩みの種であった。

室屋自身、自分がどこまで緊張しているのかを把握しきれず、通常はレースの6時間前から、長いときで1日前から極度の緊張状態となっていた。レース開始前には燃え尽きかけていて、そうした心理状況では結果もついてくるはずがなかった。

岡田武史監督の慰労会を終えた1週間後、室屋はふたたび白石の前で緊張のコントロールについての悩みを打ち明けていた。白石の著書を読みこんでいたものの、実際にどのようにしてメンタルトレーニングをおこなうのかは見えていなかった。その日のセッションは1時間におよんだ。

――朝飯前の充電トレーニング

日本の男子体操競技といえば、リオデジャネイロ・オリンピックでの個人総合、団体総合の金メダルが記憶に新しい。じつは1956年メルボルン・オリンピックで小野喬が鉄棒で金メダルに輝いたのを皮切りに、日本男子は60年間にもわたり世界の舞台でトップを走りつづけている。日本のスポーツ界全体を見わたしても、世界を相手にここまでの成績を残している競技は、男子体操だけである。

白石は東京教育大学、筑波大学大学院での体操の選手生活を終えると、筑波大学男子体操部のアシスタントコーチとなった。恩師である金子明友は、戦後初の体操日本代表選手の一人であった。終戦後の1952年、初めて日本が参加したヘルシンキオリンピックで、金子は選手として当時世界一だったソビエト連邦との差を強く感じていた。金子は選手を引退してすぐに指導者となると、打倒ソ連をめざして8年計画で世界一になるための目標を立てたのだ。16ミリフィルムで撮影したソ連の体操を何度も見て全て分析し、ロシア語を習得してからソ連の文献を読みこんで徹底的に研究し続けた。そして成果が実り、男子団体は1956年のメルボルン・オリンピックで銀メダルを、8年後の1960年ローマ・オリンピックで計画どおりに金メダルを獲得することになる。

白石：「当時、ソ連は朝起きてすぐにザリアートカと呼ばれる30分ほどの『充電トレーニング』をおこなっていました。内容は、まずウォーキング、ジョギングで心肺機能を目覚めさせ、次に柔軟体操、それから午後の本練習で使う筋肉や靭帯に軽い刺激を与えて、寝ているあいだに空っぽになった体にエネルギーを充電するというものだったようです」

金子は、ローマオリンピック2年前の1958年からソ連のスポーツ生理学に学んだザリアートカ（充電トレーニング）を日本流にアレンジし、日課として選手にコンディション調整をさせたという。これは今もって60年近くも継承され、日本男子体操の強さを支える大きな武器となっている。

白石も金子のもとで体操をするようになった大学1年のときから、選手を引退するまで、1日も欠かすことなく朝のザリアートカをおこないつづけていた。そして、筑波大学男子体操部のアシスタントコーチに就任してから最初の仕事は、金子先生のお膝元である筑波大学の選手たちがさぼりがちになっていたザリアートカを復活させることであった。それからわずか4ヵ月後、筑波大学体操部は13年ぶりとなる大学日本一に輝いた。

――ヨーガとの出会い

　室屋は白石の本を書店で発見し、白石とコンタクトをとった。そして白石もまた、書物からメンタルコーチ人生のターニングポイントとなる師との出会いを幾度となく経験している。

　1985年の夏、白石が30歳のときである。京都へ遠征中に何気なく立ち寄った書店で、面白そうな書籍がないかと探していると、佐保田鶴治著『ヨーガ禅道話』（人文書院）が目に留まったのだ。

「インドのヨーガに、なぜ禅という言葉がついているのだろう?」

　白石は当時、ヨーガを何か神秘的な、あるいは美容体操の一種くらいにしか思っていなかった。このときすでに5年ほどにわたる禅の修行体験があった白石だが、タイトルの「ヨーガ禅」という言葉になぜか違和感をおぼえたのだった。軽い気持ちで書籍を手に取ってみた結果、自身の指導に対する信念が根底から覆されるほどの衝撃を受けることになる。佐保田の著作には、東洋的な人間観・心身論が非常にわかりやすく書かれているだけでなく、全てが理に適い、高い説得力をもっていたのである。白石はその場で本を購入し、ホテルに帰って貪るように読みふけった。

体育の専門学部に進学し、解剖学、生理学、心理学といった西洋的な理論を学んで指導者として結果を出してきた白石が、正しいと信じて疑わなかった思想が、たった1冊の本で一変したのである。

「ヨーガにこそ、心身鍛錬の真理がある」

感動と確信を噛み締めながら巻末の著者紹介を見ると、大阪大学の名誉教授であることが記されていた。

「今、自分は京都にいる。この機を逃してはならない。なんとか佐保田先生にお目にかかって、教えを受けたい」

しかし、どうやって連絡したらよいのか分からなかった。途方に暮れた白石は、一縷の望みを託して京都市の電話帳をめくっていった。佐保田のような著名人の電話番号が記載されているとは思わなかったが、それでも分厚い電話帳をめくってみた。すると「佐保田鶴治という名前があるではないか」。住所は、本の中に書かれていた桃山である。これは間違いないと思った白石は、胸の高ぶりを抑えながらダイヤルした。すると、なんと佐保田本人が電話口に出たのだ。

翌日、白石は佐保田をたずねた。佐保田からヨーガのシステマチックな心身鍛錬法を教わった白石は、面会の最後に思いきって「ヨーガはわたしにもできますでしょうか?」と尋ねてみた。すると佐保田は大笑いしながら「わしは62歳から始めたんやで。あんたは体操を何十年もやってきた人やろ。それにまだ若いし、できんはずないやろ」と答えた。

佐保田は「簡易体操」(別名「床上体操」44・45ページ参照)という朝晩に寝床の上でおこなう10分程度でできる簡単なヨーガの体操を白石に伝授した。

「1日10分これをやればええ。ただし、3ヵ月は続けることや」

当時、佐保田は86歳で、惜しまれながら翌年1986年に他界することになる。このとき白石が行動を起こさなければ、面会は叶わなかっただろう。

10分間で出来る簡易体操

上体を左右にねじる体操

1.
正座ですわる

2.
右手が前、左手が後ろを向くように、両手を膝の外側に置く

3.
息を吐きながら、おへそを見るように背中を丸める

4.
息を吸いながら頭を起こし、首と胸を反らす

5.
息を吐きながら両手を前後にすべらせ、上体を前に倒す。右こめかみが床に触れたら呼吸をしつつ20〜30秒姿勢を保つ

6.
息を深く吐き出したあと、息を吸いながら正座に戻る。左右を逆にしてもう一度おこなう

上体を前に伸ばす体操

1.
正座ですわる

2.
両手を膝の前に置く

3.
息を吐きながら、おへそを見るように背中を丸める

4.
息を吸いながら頭を起こし、首と胸を反らす

5.
息を吐きながら両手を前にすべらせ、上体を前に倒す。額が床に触れたら呼吸をしつつ20〜30秒姿勢を保つ

6.
息を深く吐き出したあと、息を吸いながら正座に戻る

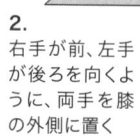

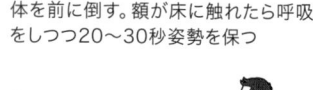

上体を後ろに伸ばす体操

1.
正座から両足を外に開き、
お尻を床に下ろす

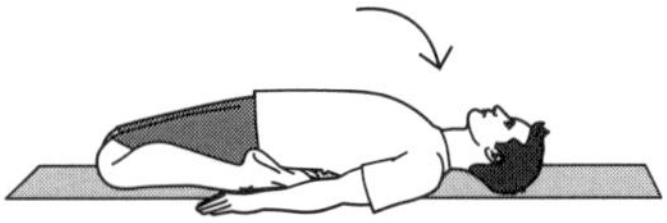

2.
息を吐きながら、上体を後ろに倒す。
呼吸しながら20～30秒間姿勢を保つ。
両足が難しい場合は片足ずつおこなう

脇を開く体操

1.
正座ですわる。両手を胸の前で合わせ、静かに息を吐く

2.
息を吸いながら、両腕を真上に上げる

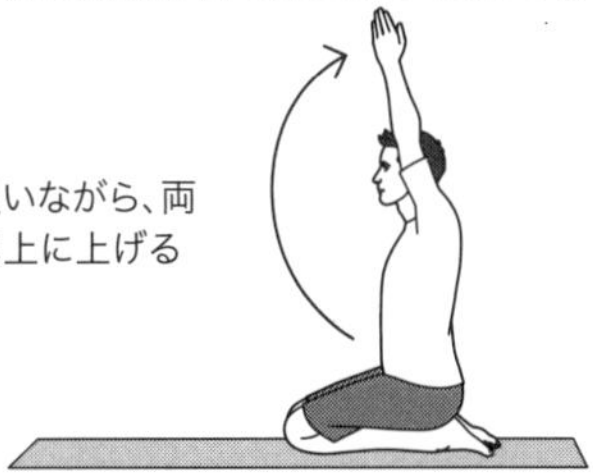

3.
息を止める。両手を親指から順に握りながら、腕を肩の高さまで左右に下す。両腕をねじりつつ、後方に伸ばし、胸と首を反らす

4.
背中を丸め、息を吐きながら上体を前に倒す。額が床についたら手を組んで脇をできるだけ開く。呼吸しながら20～30秒姿勢を保つ

5.
息を吐きながら両腕を下ろす。息を吸いながら正座に戻る

──心身調律プログラムの開発

ヨーガの世界では、修行をしつづけて次のステージへ進もうとすると必ず新たな道を指導してくれる人が現れるという。従って順々に修行を続ける者は、いつの日か真理の世界へ到達できるとされる。白石にもそれが起こったのだろう。

佐保田との出会いから3年後の1988年、白石はまたしても書籍からヨーガのさらなる師を見つけることになる。ヒマラヤで13年間修行をし、世界でも数少ないラージャ・ヨーガ・アチャルヤ（導師）となって帰国していた木村慧心が翻訳した『魂の化学』（たま出版）だ。

佐保田に師事した白石は、ヨーガに傾倒していた。ところが、ヨーガを深く知れば知るほど、自分が毎日おこなう初心者用の「簡易体操」だけでは、ヨーガ本来の目的である「自らに気づくこと」と「心と体を調えること」を達成できないという思いが募っていった。

そんな折に木村の本からひらめきを得た白石は、指導を受けるべく岩手県へ飛んだ。木村主催のラージャヨーガ研修会で、ヨーガの体操は300種類以上、呼吸法は60種類、瞑想は1000種類にものぼることを教わる。ヒマラヤの行者が4000年以上にわたっておこなってきた各種行法によって体、気、心を調えることができれば、体のみを調整するザリヤートカ以上に、効果的な充電トレーニングが完成するのではないか。白石は、木村に師事しながら、ザリヤートカと同じ30分で体、気、心の3つのレベル調整をおこなう「心身調律プログラム」を開発する。

この「心身調律プログラム」は、偶然にも同じタイミングで白石にメンタルトレーニングの指導を依頼してきた日本ハムファイターズの白井一幸によっておこなわれることになる。白井は当時、阪急ブレーブスのダラス・ウイリアムズのラフプレーにより足を骨折し、不遇のシーズンを送っていた。そんな中、毎週白石の元を訪ねては1泊2日でメンタルトレーニングの指導を受けて、心身調律プログラム（ヨーガの体操を30分、呼吸法を20分、瞑想を30分）をおこなっていた。翌1989年の1月には、白井は白石と共に木村の指導も受けている。木村の住む鳥取県米子市まで出向き、1日8時間、7泊8日でみっちりラージャヨーガの指導を受けたのだった。

白井は同年、自己最多の38盗塁をマークしたばかりでなく、7月15日には409回連続無失策という日本記録を樹立した。1990年4月にふたたび大ケガに見舞われ手術を余儀なくされたために、1年を棒に振ったが、翌年には打率3割1分1厘（パリーグ3位）、出塁率426（パリーグ1位）、得点圏打率385（パリーグ1位）という成績を挙げて「カムバック賞」に輝いた。
白井の成功もあって、白石はメンタルトレーニングの指導を受けに来る選手たちに、この30年間等しく「心身調律プログラム」をおこなわせてきた。

――トレーニング開始

白石のメンタルトレーニングメニューの根幹をなす「心身調律プログラム」は、室屋にも提案された。いや、むしろ白石が最初に教えたことは「心身調律プログラム」だけだった。メンタルコーチとして長年培った経験から、白石は室屋にとっていちばん必要な最小限のトレーニングメニューを選び出した。それはまるで白石が佐保田から初めて指導を受けたときのようだった。

毎朝30分のプログラムを続ける。簡単なことのようだが、毎朝きちんとおこなえる選手はなかなかいない。室屋は2010年シリーズが終わった直後で、次のレースにいつ出場するかが決まっていなかったこともあり、目標を見うしないかけていた。「世界一になりたい」という気持ちとは裏腹に、「自分は何がわかっていなくて、何をすればいいのか」見えていなかったのだ。

白石：「エアレースは体操競技とはまったく違う競技ですが、エアショー、エアロバティックス、曲技飛行に関しては体操競技とよく似ている部分があります。それらには体操競技の空版みたいなルールや美しさなどがあるので、室屋くんはメンタルトレーニングをマスターすればうまくいくかもしれないなと思いました」

漠然とメンタルトレーニングに糸口があると推測し、自分を訪ねてきた室屋に対して、白石は「恐怖心や緊張を取り除くトレーニングは無数にある」と話しながら、「まず自分がいったいなんのために、何をしているのか、どうなりたいのかをきちんと知ろう」と、目標設定の大切さを説明した。

白石：「スポーツ選手でも仕事をしている人でも同じことが言えるのですが、『なんのためにこれをやっているのか』ということを意外とわかっていない人が多いですね。これに答えることができる人は腹が据わっているので、何が起きようとも絶対に精神的にブレないと思います」

白石は「心身調律プログラム」によって「心・技・体」のどこが足りないのかを室屋に気づかせ、「具体的に何をどこまで高めれば、めざすゴールにたどりつくことができるのか」を自分自身に問いかけるように指導した。

室屋：「トレーニングの最初は、朝の『心身調律プログラム』を実施することから始まりました。ただ、最初は自分でおこなっていても何が変わっていくのかよくわかりませんでした」

白石は室屋がレース前日から緊張し過ぎてレース中に燃え尽きてしまう原因を、自分で理解できるようにさせたかった。そのために、時間がかかることは承知で、しばらく様子をうかがうことにしたのである。白石は、始めは効果を実感できなくても、続けた分だけ表情や雰囲気が変わるアスリートたちをたくさん見てきていた。

室屋が集中すべきなのは、レース中の1分余りである。本番の数時間前から過度な緊張状態に陥ってしまうのは、室屋に限ったことではなく、たいていの選手に起こりがちなことである。

白石：「緊張する理由はいくつもあるわけで、それを一つひとつ冷静に解決していけばいいだけなんです。ところがものすごいプレッシャーにさらされると、選手はわからなくなってしまうんですよ。前日から燃え尽きるほど緊張しっ放しなのは、別なポジションから見たら滑稽なことですよね。それを自分でわからなければダメなんです。人間というものは五感を外に開放しているので、たくさんの情報や雑念が浮かんでくるとそれらの情報処理で忙しくなり、自分の心の中を観ることができなくなります」

自分の心の中を観ていくためには、静かにすわることから始める必要がある。「心身調律プログラム」では、そのためにまず5分間目を閉じてみる。次に10分、30分、1時間と徐々に長くおこなえるようになれば、自分というものをわかるようになるというのだ。ただ、これは言うほど易しいことではない。

室屋：「5分間すわって目を閉じることからおこないましたが、外部から頭の中に入ってくるたくさんの情報の処理に追われてしまうので、静かに目を閉じていると色々な雑念ばかりが出てきました」

メンタルトレーニング

勝者に必要なメンタルスキル

1990年11月、テニスのメンタルトレーニングの世界的権威であるジム・レーヤー（指導選手はコナーズ、ナブラチロワ、アガシ、サバティーニなど選りすぐりのトッププレイヤーたちである）のメンタルトレーニング・セミナーが、吉田記念テニストレーニングセンター（千葉県柏市）で開催された。講演後、白石はレーヤーと食事を共にする機会があった。その席上でレーヤーはおもむろにある1冊の本を取り出した。それはゴルフの全米オープンチャンピオンであるデビッド・グラハムの著者『Mental Toughness Training for Golf』だった。「これは、グラハムが自身の経験に基づいて書き下ろした面白い本だ。ぜひ一読を薦める」と紹介された2年後、白石は翻訳者として『ゴルフのメンタルトレーニング』（大修館書店）を出版することになる。

グラハムは著書の中で、「偉大なプレイヤーとは、ゴルフの才能以上に強靭なメンタルタフネスの持ち主である」と述べている（第3章「メンタルタフネスの要素—偉大なプレーヤーはどこが違うか—」）。その理由はいかなるときも全力を発揮し、つねに安定したパフォーマンスを出せるという点にあるという。

グラハムは勝者のメンタルスキルを9つに分類している。白石は、これを木村慧心のところへ持って行き、ヨーガの哲学をベースにした「人生に勝利する10の秘訣」として解説してもらっている。

(1)セルフモティベーションの力
(2)積極的、かつ現実的な思考力
(3)感情をコントロールする力
(4)闘争心に燃えつつ、平静でリラックスできる力
(5)高いエネルギーを保ちつつ、次の行動に備えることができる力
(6)決断力
(7)注意集中力
(8)強固な自信
(9)強い責任感
(10)万事を受容できる力

(『東洋に学ぶメンタルトレーニング』より)

少し長くなるが引用しておこう。

(1) セルフモティベーションの力

本物のセルフモティベーション(意欲・やる気)とは、やると決めたことを必ずやり通すというものである。

犬は一度吐き出したものを再度食べてしまうが、人間は犬のようになってはいけない。捨てたものをふたたび求めるようなことがあってはならない。それぐらい強固なものが本物のセルフモティベーションである。

プロゴルファーだったベン・ホーガンは、選手時代、自動車を運転中にバスと正面衝突する大事故に遭い、瀕死の重傷を負って再起不能とまで言われた。すでにゴルフでは大きな成功を手にし、経済的にもまったく不安はない状態だった。しかし、「ゴルフで素晴らしいプレーをしたい」という願望だけで1年後には見事復活を果たし、片足を引きずりながらもプロゴルフツアーで12勝を達成している。

彼をここまでモティベートしているのは、お金でも名誉でもなく、ゴルフをしていることが楽しくてたまらなく、心がワクワクすることだったからにほかならない。傍目には大変そうでも、自分にとってはこの上なく楽しいからこそ続けられる。

今一生懸命取り組んでいることが、心の底からワクワクするものなのか、誰かに言われたり惰性でやっているだけのものなのか。セルフモティベーションの力を強化するためには、まずはとことん好きなものを見つけることが大切なのだ。

(2) 積極的、かつ現実的な思考力

グラハムは、「どんなゴルファーでも、自分の限界はこの程度だという思いを心の中にひそかにもっている」と言う。人は、生まれてから成長していく過程で「自分はこの程度の人間だ」という誤った思い込みをつくりあげてしまっている。

たとえ夢や目標には到達しえないと感じても、なりたいと思ったことは必ず実現できると東洋思想では教えている。

無限の可能性を信じる人は、リミッター(制御する枠組み)を外して、さらに大きな自分をつくることができる。このような積極的な思考をもてる人は、高いレベルにいる自分を心の中で見ながら、現実をあるがままに受け入れる。

決して落胆しないようにする秘訣は、できることとそうでないことをはっきりさせることだ。できることのみに集中すれば、ひらめきや勇気まで生まれてくる。

(3) 感情をコントロールする力

怒り、恐れ、あきらめ……わたしたちの心の中にはさまざまな感情がうごめいている。やる気に満ち溢れていると、それが逆効果になって力んでしまうことがある。一緒にラウンドをまわっているプレーヤーが騒がしい、コースコンディションが悪い。こんな些細なことでもバカげたミスを犯し、それが更なるミスにつながり、最後はすっかりやる気を失い消極的な感情が心を支配してしまう。そうなると、わたしたちの身体能力は十分に発揮されない。すなわち、感情をコントロールする力がなければミスや敗北に至る。

メンタルスキルを身につけたプレイヤーは、まるで分厚いバリアーで覆われているかのように、外部環境に左右されることなく感情をコントロールし、どんなことにも冷静沈着に対処する。

(4) 闘争心に燃えつつ、平静でリラックスできる力

闘争心は、アスリートにとってもっとも重要なメンタルスキルかもしれない。闘争心というと、心の底から燃えたぎっており、プレッシャーが押し寄せてきても決して逃げずに、難局に挑戦しようとするというイメージをもつ人が多くいる。

ヨーガ的に捉えるならば、闘争心とは根源にある使命感となる。誰かから与えられたものではなく、もっと大きな存在、神様から目の前に授けられたものであると考えるようになると、自分がするのではなく、させていただくという心をもつことになる。このほとばしる使命感こそ真の闘争心だ。すなわち、どのような状況にあってもつねに冷静沈着に、断固とした態度でプレーを続けることができる。

(5) 高いエネルギーを保ちつつ、次の行動に備えることができる力

「トッププロたちはどんな状況に陥ろうとも、たえず自分を奮い立たせ、少しでもよいプレーをしようとする力を持っているものだ。彼らは、たとえトーナメントに敗れて疲労し、戦う意欲を一時的に失っても、決してそうした状況から逃げ出すようなまねはしない。そしてどんなラウンドの時でも、あふれるような熱意でプレーできる方法をいつも模索し続けている」(『ゴルフのメンタルトレーニング――心の強化書――』[大修館書店] より)

どんなに過酷な条件の中でも忍耐し、心惑わされることがあっても初志を貫徹するのが、グラハムの言うプロのメンタルスキルだ。そのためにはプライドをもって懸命に努力しながらも、一方では開き直ることも必要だとグラハムは述べる。楽しみなが

ら状況に向かっていくことが必要なのだ。

疲れを知らない精神力、筋力、持久力、決断力は1日2日で身につくものではない。だからこそ、トレーニングが必要で、つねに高いエネルギーを保っていくために〝すばらしい自己像〟を自分自身で確認しなければならない。自分の価値に気づくことができれば、たとえ何かのハンディキャップを抱えていたとしても、プラスに変換できないかをつねに考えることになる。そうした考えによって、弱点が思いがけず自分を助けてくれるものに変わることを知るべきなのだ。

(6) 決断力

断固とした決断に裏打ちされて行動している人に立ち向かうのは、容易なことではない。グラハムは、決断力こそ、勝者と敗者、成功と失敗、プロとアマチュアを分ける最大の要因の1つだと述べている。そうした人たちが障害を簡単に乗り越えてしまうように見えるのも、他人から見たらとても達成できないと思うような高い目標を設定してやり遂げてしまうのも、自分の進むべき道をはっきりと決定しているからだ。

一流が勝てるのは、負ける勝負をしないからである。自分の力量をよくわきまえているのである。自分に対して冷徹で正確な自己評価を繰り返すからこそ、肝心なときに自分は絶対にうまくやれるという信念や決断の力が腹の底から湧いて出る。勝負に勝てる。自分の意図することや自分の目標を素直に言葉にして現実化してしまう。行く手を妨げるものをなくす方法は、断固とした決断力をもつことだ。

(7) 注意集中力

ジャック・ニクラスは、1975年のマスターズ最終ラウンドで、恐ろしく難度の高いパットを決めてトーナメントリーダーのトム・ワイスコフと並び、タイトルを獲得した。このときのインタビューで「何年か前に、同じグリーン上で、同じような位置から打ったパットが、どんな曲がり方をしたのかをよく覚えていた」と答えている。

グラハムは、「優れたゴルファーは、ほんとうに大切なポイントにだけ注意を絞り込み、どうでもいいことは意識から外してしまう能力をもっている」という。

これは必要なときにのみ集中し、あとはアイドリング状態でいつでもトップギアに移行できるように準備をしておくということである。

何気なくご飯を食べて、何気なく仕事をして、何気なく帰宅して食べて寝る生活では、トッププレーヤーにはなれない。これから自分が臨むものに対してあらゆる事態を想定して、周到な準備をしておく。こうしたところから本番で周りに惑わされず、目の前のことに対する集中力が生まれてくる。練習したことのないショットを試合本番で打とうとしてはならないのだ。

(8) 強固な自信

チャンピオンになる人間は、総じて自分の能力について確固たる信頼をもっている。周りがなんと言おうと成功できるという揺るぎない自信は、相手にとってもすさまじいプレッシャーとなる。彼らは誰もが避けて通るような道にこそ、より良い成果があることを知っており、絶えず自分自身をモティベートしながら成功を信じてやり遂げる。

強固な自信なくして超一流にはなれない。その裏側には、苦しい場面に挫けず、乗り越えてきた体験と自分を支えてくれた人たちへの感謝が強烈な支えとなっている。

他人を騙したり、約束を破ったりしない。天に恥じない行動をする。日ごろの心がけの良さは倫理的規範であるダルマに則った生き方であり、目には見えない大きな存在がいつも自分を守ってくれているという意識につながる。ここ一番で力を発揮する人は、極限の場面で「勝たせてください」と神頼みをするのではなく「全力を尽くす自分を見守っていてください」と祈るのだ。個という小さな存在がダルマを通して宇宙（サマスティー）とつながるときに、揺るぎない自信が心の底から湧き上がってくる。

(9) 強い責任感

1977年にジャック・ニクラスがトム・ワトソンに敗れたときに、「自分は最高のショットを打ったつもりだったが、ワトソンこそベストであった」と最大級の賛辞を送った。失敗の要因は全て自分にあるとして、弁解をしなかった。

自分の人生や運命は全て自分の手中にあるからこそ、自分をひたすら信じつづけることができるのである。自分にとって不都合なことを全て他人や環境のせいにしている心は、あきらめの感情レベルである。勝利には程遠い。

超一流は因果の法則を受け入れており、どんなに重要な場面でも全ては自分が招いた結果なのだから、恐れずにあるがままを受け入れ、最善を尽くす。これはインド的な発想だ。ヨーガの行者たちは、自分にできることをやり抜き、その自分を称賛しながら、また次のなすべきことに集中するのだ。

(10) 万事を受容できる力

スポーツでも仕事でもうまくいかない人は、おこなう前から結果をあれこれ考えてしまう。カルマ・ヨーガによれば、勝敗や損得を考えるのは、全て余計なことだということになる。カルマとは、行動という意味だ。カルマ・ヨーガとは行動のヨーガで、その教えは「なすべき目の前のことに、とにかく全力を尽くせ。結果は気にするな。そして行動した結果はどんなものであろうと受け入れろ」というものである。

ヨーガの行者は「モクシャ」といって、あらゆる出来事を受け入れる解放された心をつくりあげることを人生の目標としている。天からの配慮は全て受け入れ、一喜一憂しない。「人間万事、塞翁が馬」という態度を確固たるものにしていけば、究極的には死さえも受け入れる強い心が育っていく。

この勝者のメンタルスキルを身につけると、アスリートはどのような状態になるのか？　白石はグラハムの真意を探りながら、書籍を引き続き翻訳する中で、ある章に釘付けになる。それはメンタルコーチとして、自身のめざすべき高みが明確になった瞬間でもあった。

第４章「ゾーンの威力―不思議な心の力―」の中で、グラハムは全米史上最高のゲームと評される1981年の全米オープンをこう述懐している。

「私が優勝した1981年の全米オープン（メリオン・ゴルフクラブ）を、私のゴルフ人生の中でもっとも記憶に残った試合だろうと思っている人は多いようである。しかし、厳密にはそうではない。確かにこの勝利は、私がそれまでに獲得した数々のタイトルの中でも、もっとも重要なものであったし、スリリングで賞金の高いものでもあった。しかし、〝もっとも記憶に残る〟試合だったかというとそうではない。（中略）後になって、あの日、私は〝ゾーン〟とか〝バブル〟とか呼ばれている状態に入っているのだということに気がついた。この状態に入ると、あらゆることが夢見心地で静かに経過し、まるで睡眠にかかったような感じになり、そのくせ心も体も完全にコントロールされているのである」（『東洋に学ぶメンタルトレーニング』より）

絶妙なティーショット（1度しかフェアウェイを外さなかった）や、ことごとくうまくいったパット、ラウンド中にキャディーと話したことまで、グラハムはラウンドをどう終えたのかをほとんど憶えておらず、ビデオを見返してようやく思い出すことができたというのである。

これはいわゆるゾーン状態だ。白石は実力が最大限に発揮されるゾーン状態にいち早く選手たちを導くために、ヨーガからアプローチしようとしたのである。

メンタルトレーニング

心身調律プログラム

早起きは三文の得であり、朝早く起きて活動をすると、その1日に良いことがあると昔から言われている。白石は早朝を心と体を調えるゴールデンタイムだと考え、選手を引退してコーチになってからは、朝6時半に選手を体育館に集合させて「ザリヤートカ＝充電トレーニング」という特殊な体の調整体操をおこなっていた。これは、日本男子体操の強化策として旧ソ連のスポーツ生理学から導入した金子明友のトレーニング方法で、「充電トレーニングは、名のごとく起床したばかりの空になっている体（バッテリー）に充電して、これからの1日の活動に資そうとするのが本義」とされている。

その日の練習や試合で最高の動きができるように、筋肉、靭帯、心臓、肺、神経系などに適度な刺激を与え、身体を目覚めさせようとするものである。エネルギー消費は大きくなく、30分ほどの時間でおこなう。

白石は、コーチに就任してから8年を過ぎたころ、木村慧心に師事していたラージャ・ヨーガを取り入れて、朝の体操の内容を変えてみた。肉体の調整が目的であったザリヤートカを、さらに発展させて「体・気・心」の3つそれぞれを調える「心身調律プログラム」としたのだ。体操で体を調え、次に呼吸法で気を調え、最後に瞑想によって心を調える。それぞれ10分程度だ。ザリヤートカと同じ30分でさらに効果の出る方法を考えたのである。

毎朝忙しいビジネスマンでも3つを5分ずつおこなえば、トータル15分間で心身の調整が図れるだろう。時間は人によってまちまちだ。体操と呼吸法はそれぞれ10分で、瞑想だけは1時間以上かけるというアスリートもいる。

それでは、ここで心身調律プログラムの説明をしていこう。

メンタルトレーニング

体を調える（体操）　5分間

1980年ごろにアメリカから導入された〝ストレッチング〟は、1970年代後半にアメリカのスポーツ科学者たちがヨーガを参考にして、アスリート向けにアレンジしたものだ。「心身調律プログラム」における体操も、ヨーガとストレッチングに共通する留意点がある。動作は極めてゆっくりと、呼吸に合わせておこなうことだ。

ただし、「心身調律プログラム」はストレッチングにはなく、ヨーガにはある考えを取り入れている。目を閉じて意識を内部に集中させるのだ。ストレッチングは、おもに柔軟性の増大やケガの予防を狙いとしておこなわれる。一方、ヨーガは心身の制御を究極の目的としており、見た目には同じポーズをとっていても、その人の内面における心理的操作の有無が、ヨーガとストレッチングを区別している。

人間の運動は大別すれば3つの軸上の動きでしかない。左右軸、上下軸、前後軸の回転運動である。胴体運動の場合、左右軸で上体を前方に回転させれば前屈運動（おじぎ）に、後方に回転させれば後屈運動に、前後軸上で左右に上体を倒せば側屈運動となる。上下軸上で左右に上体を回転させればねじり運動となる。

人間の運動は3つの回転軸から生まれる

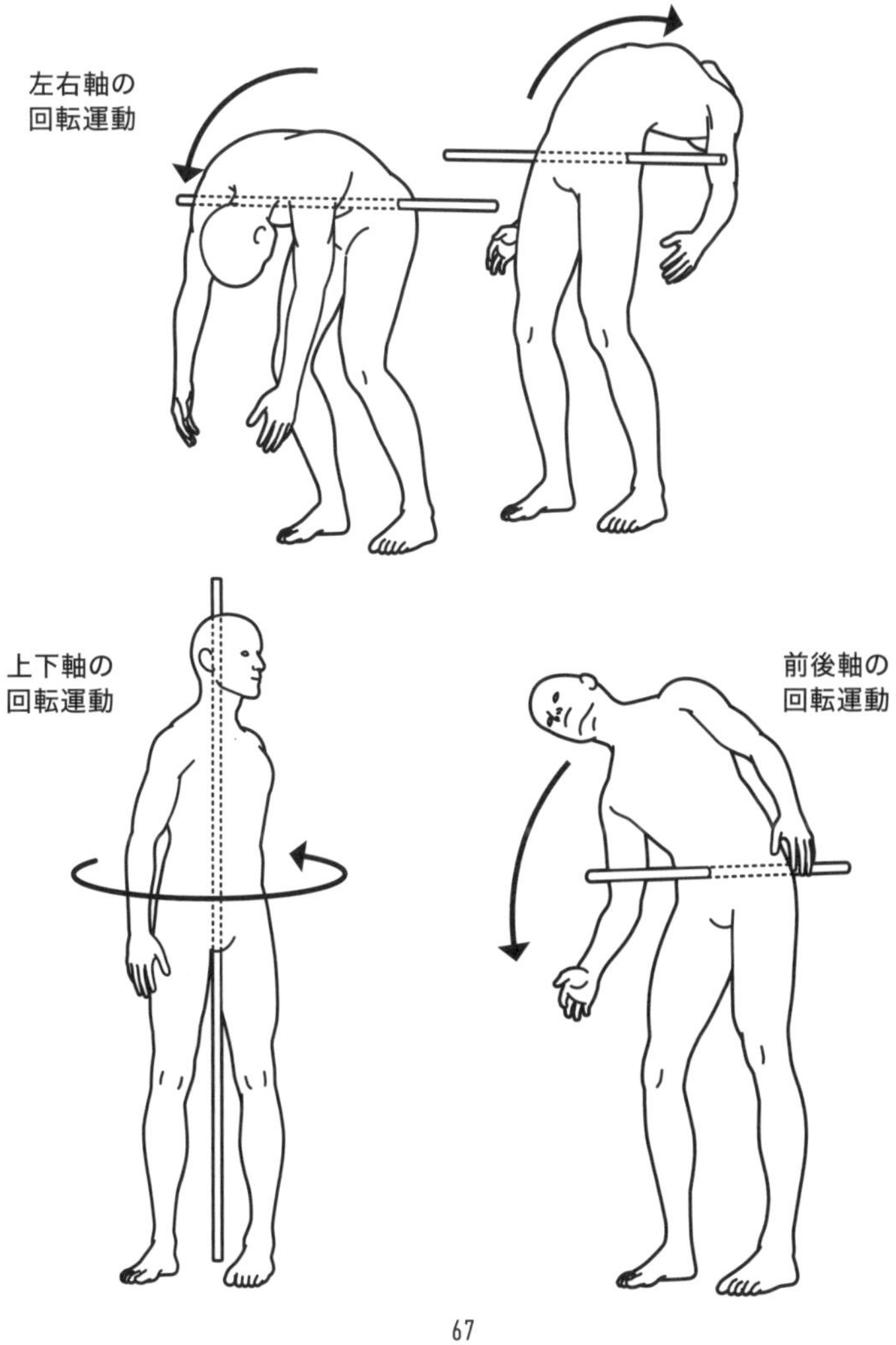

世には無数の体操があり、それらは複雑な動きのように見えるかもしれない。ただ、どのような体操であれ、3つの回転軸と4つの伸展方向（前方、後方、側方、ねじり）を意識すればよい。それをまとめたのが心身調律プログラムの体を調える体操である。すなわち、ストレッチングのもたらす肉体的効果に加えて、目を閉じておこなう内部への意識集中で、肉体に対する気づきが鋭敏になり、心理面の制御能力も向上できるのだ。心身調律プログラムに適した体操は69～73ページに紹介する。次の3つの留意点を意識しながら行おう。

留意点

（1）動作は呼吸に合わせてきわめてゆっくりと。
（2）目を閉じて、意識をつねに自分の内部に集中させる。
（3）なめらかな緊張と弛緩を心がけながら、とくに弛緩を大切にする。

❶ 腕の体操

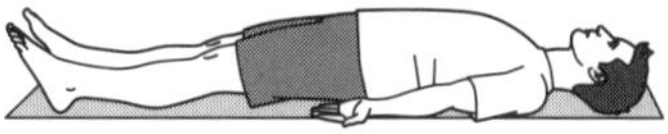

1.
目を閉じて仰向けに寝る

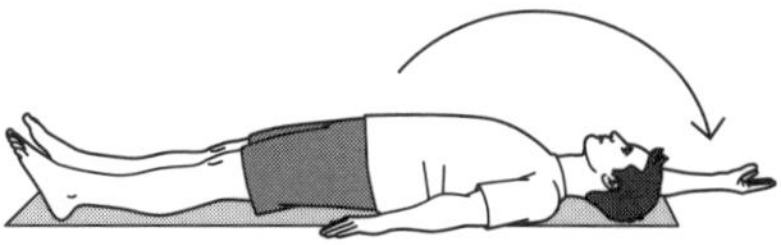

2.
鼻から息を吸いながら右腕を上げ、床に手の甲がつくようにする。呼吸しながら20〜30秒姿勢を保つ

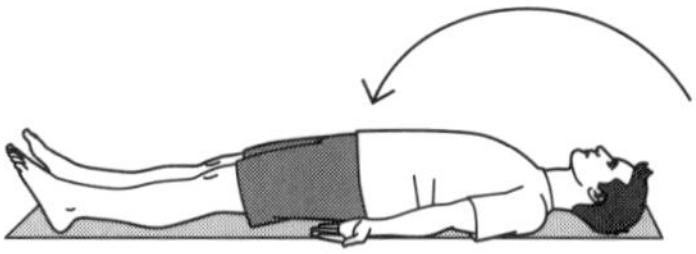

3.
息を吐きながら右腕を戻す。左腕でもう一度おこなう。次に両腕で同様におこなう

❷ 脚の体操

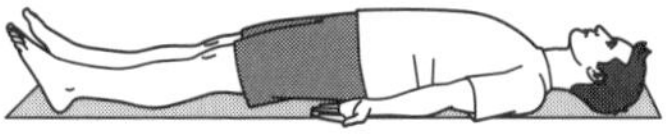

1.
目を閉じて仰向けに寝る

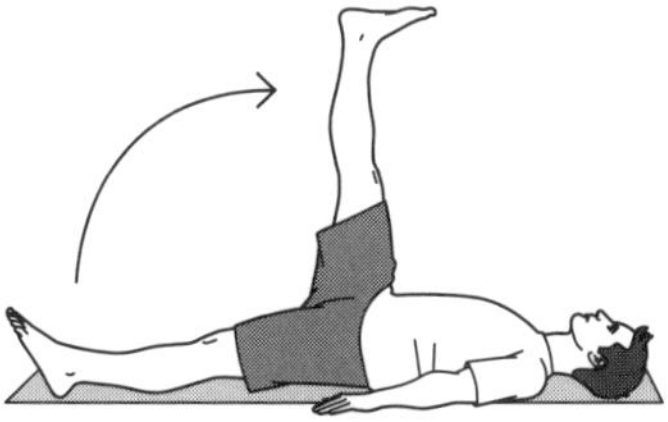

2.
鼻から息を吸いながら右脚を90度まで上げ、呼吸しながら20〜30秒姿勢を保つ

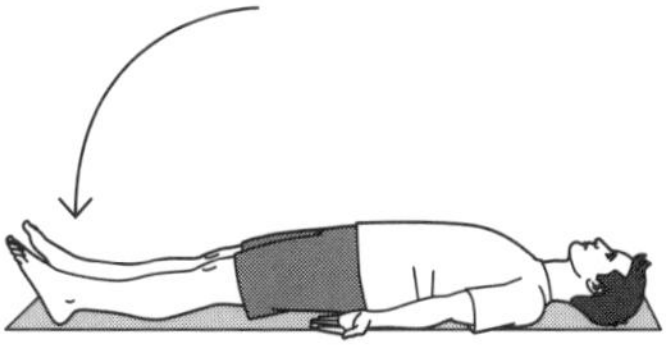

3.
息を吐きながら右脚を戻す。左脚も同様におこなう

③

ねじりの体操

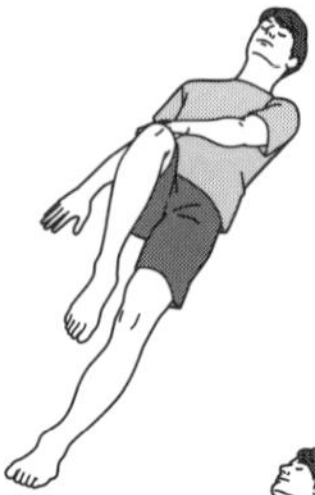

1.
床に仰向けになり、両手足を自然に伸ばす。右足を曲げて膝を立て、左手を右膝の外側に添える

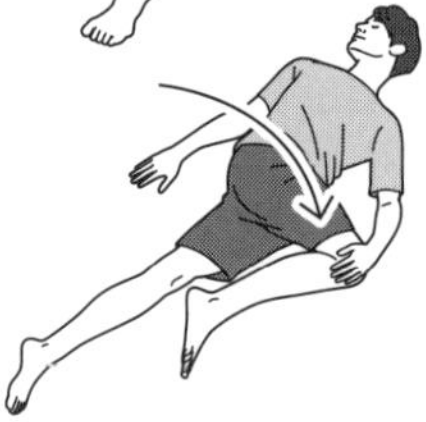

2.
曲げた右膝を左手で押すようにして、内側に倒す。顔は右側に向ける。そのまま20秒姿勢を保つ。逆側も同様におこなう

④

コブラのポーズ

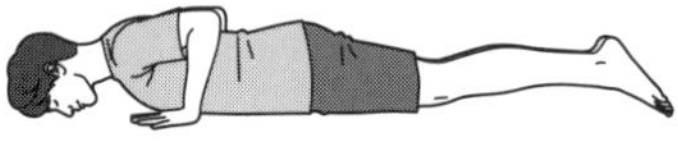

1.
うつぶせに寝て足を伸ばし、胸の脇に両手をつく

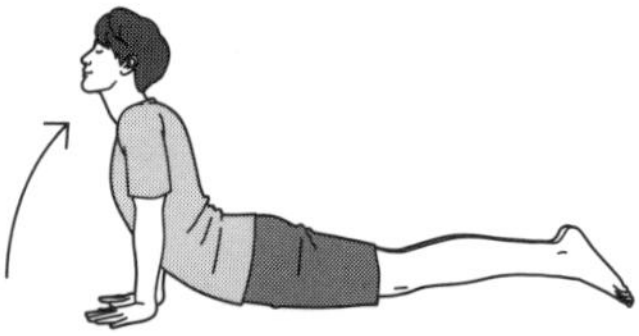

2.
息を吸いながら腕を伸ばし、できるところまで上体を反らす。10秒姿勢を保つ。息を吐きながら戻る

⑤

バッタのポーズ

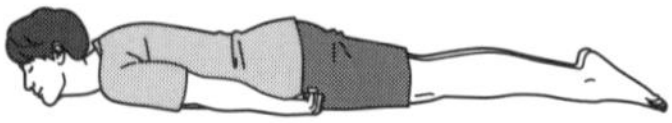

1.
うつぶせに寝て顎を床につける。体にそって両手を伸ばし、手を握って手の甲を床につける

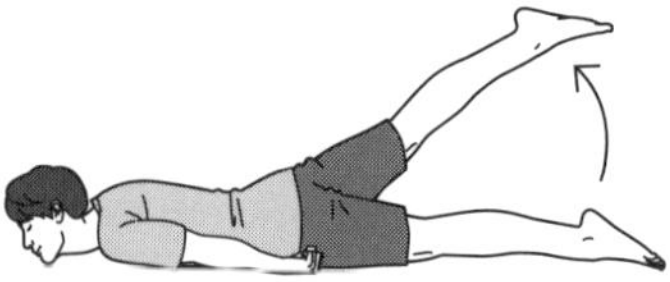

2.
息を吸いながら手の甲で体を支え、ゆっくりとできるだけ高く右足を上げる。10秒姿勢を保つ。息を吐きながら下ろしてリラックス。左足も同様におこなう

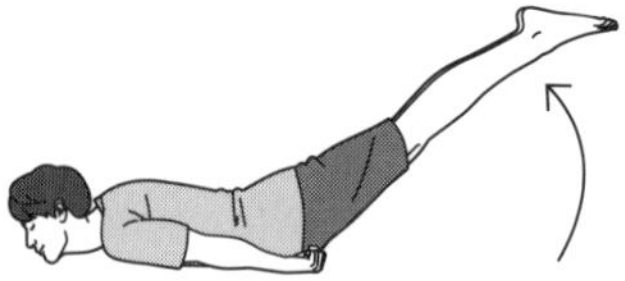

3.
息を吸いながら手の甲で体を支え、ゆっくりとできるだけ高く両足を上げる。10秒姿勢を保つ。息を吐きながら下ろしてリラックスする

❻

片足前屈

1.
右足を伸ばしてすわり、左足はかかとが足の付け根にくるように曲げて外側に倒す

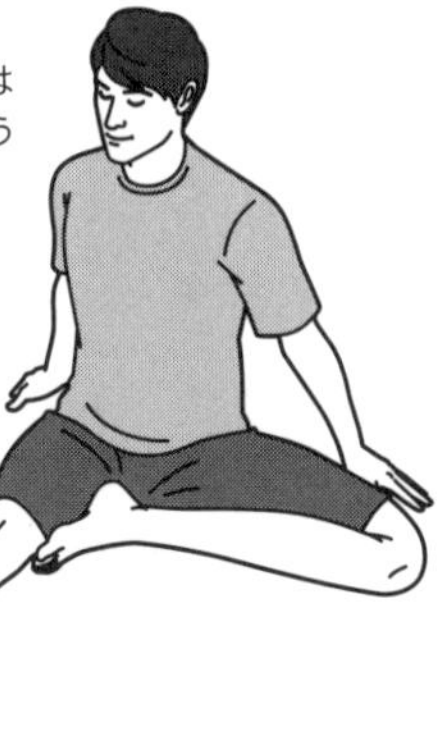

2.
息を吐きながら背中を丸めて右足の方へ上体を倒す。持てるならば両手で右足の指を持つ

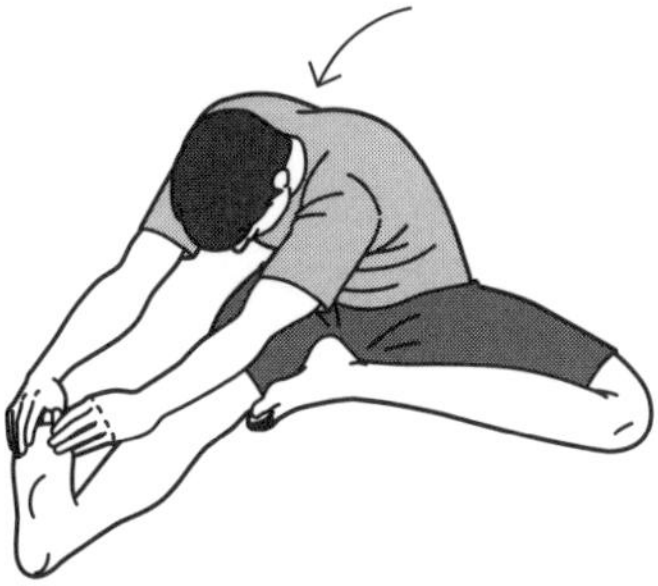

3.
2の体勢のまま息を吸いながら顔を上へ上げて上体を反らす

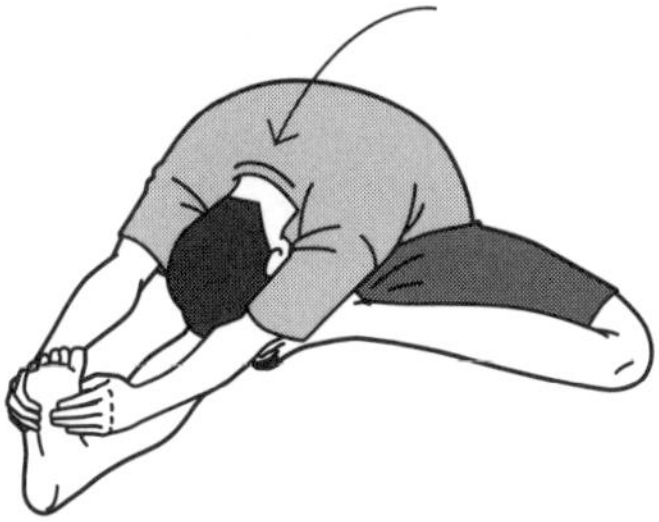

4.
息を吸いながら、さらに深く上体を倒す。足を入れ替えて同様におこなう

❼

両足前屈

1.
両足を伸ばして床にすわる

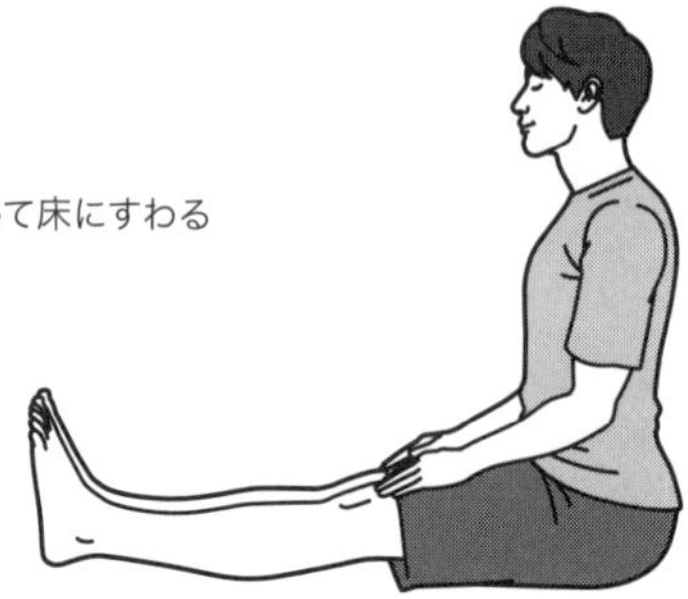

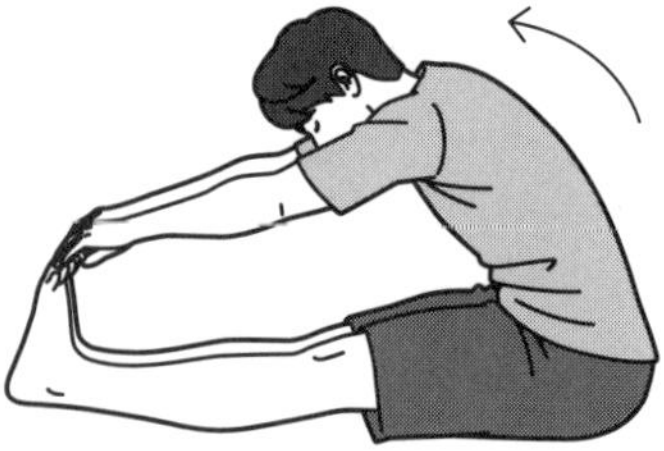

2.
息を吐きながら、上体を倒す。持てるならば両手で足指を持つ

3.
息を吸いながら顔を上げて上半身を反らす

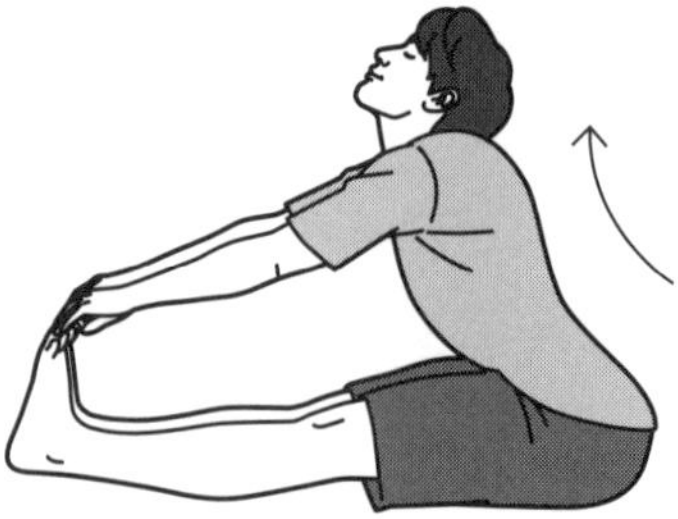

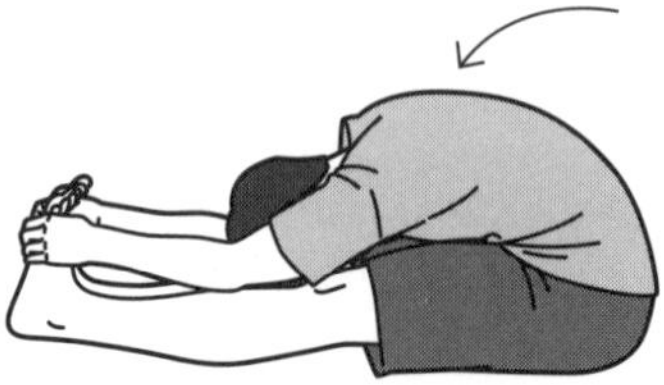

4.
息を吸いながら、さらに深く上体を倒す

❽ ねじりのポーズ

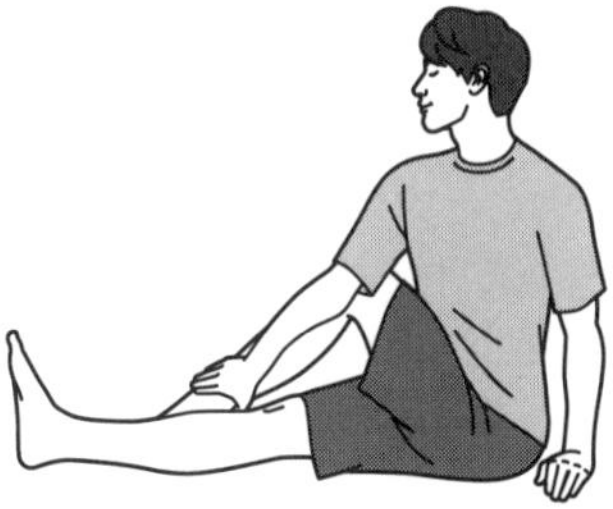

1.
足を伸ばして床にすわり左足を右足の膝の外側に置いてクロスさせる。右手で左の足首を内側からつかむ

2.
左足首をつかんだまま、上半身を左にねじる。左手は左後方の床に置く。顔は左後方に向ける。左右を逆にして同様におこなう

❾ 完全リラックス

1.
すべての体操が終わったら仰向けに寝て手足を自由に伸ばし、1～2分静かにリラックスする

メンタルトレーニング

気を調える（プラーナヤーマ）　5分間

ヨーガで考えられている呼吸プラーナヤーマ（調気法）は、一般的な酸素と二酸化炭素のガス交換ではない。古代インドの哲学者たちは、あらゆる自然現象がある根源的な力、すなわち生命エネルギー（プラーナ、気）に基づいており、それがわれわれ人間の肉体と心に大きな影響を及ぼすと考えたのである。

人の体にプラーナ（気）が満ちていれば、その人は健康で活力にあふれ清々たる日々が送れる。逆に、プラーナが不足していれば、病気のウィルスや外からのさまざまなストレスに対して、自らの体を十分に守ることができないということになる。

またプラーナは、心理的には感覚の鋭さや集中力、さらには意志力などといったものにも強い影響力を持っている。プラーナの力こそが、俗に言われる「気力」ということになる。

調気法によって気を調えていくと、肉体を活力あふれるものにし、心も調えることができるようになる。ヨーガの起源はおよそ4000年以上前と言われる。長い伝統の中で種々の呼吸法が生まれては消え、現在まで受け継がれているプラーナヤーマの方法は60種類にものぼる。白石は、それを木村慧心に教わった。1989年の正月のことである。その中からメンタルコントロールに役立つ2つの基本呼吸法（ナーディー・ソダン、アグニ・プラサーラナ）に木村にも相談しながら絞りこみ、選手たちに指導している。

基本呼吸法その1　ナーディー・ソダン

安静時の呼吸数は、1分間に15～16回程度と言われている。ところが、恐れや不安、怒り、悲しみなどのネガティブな感情によって心が乱れれば、呼吸は浅く速くなる。心が落ち着くと、自然と呼吸もゆっくり静かになる。このことから、呼吸をコントロールすることで心もコントロールできるというのが、ヨーガの呼吸法の原点となっている。

ヨーガでは心を静めるための呼吸法が数多く存在し、そのもっとも基本となるのが「ナーディー・ソダン」（77ページ）である。具体的には息を5秒吸って10秒吐く、あるいは10秒吸って20秒吐くというように、吸気：呼気が1：2になるようにコントロールする。5秒吸って10秒吐くだけでも、通常呼吸の4分の1（4回／分）である。慣れてくると10秒吸って20秒程度吐くことができるようになる。これは通常呼吸の8分の1だ。

基本呼吸法その2　アグニ・プラサーラナ

テニスや野球の選手は、リターンや守備の際に、その場で軽くジャンプしたり足踏みしながら「フッフッフッ」と短く呼吸をする。これは心拍数を上げて、交感神経を活性化させることで、飛んでくるボールに対して鋭い反応ができるようにするためである。

このように、心拍を高めるようにとても速いリズムでおこなう呼吸がアグニ・プラサーラナ（77ページ）だ。ナーディー・ソダンとはまったくの逆で、緊張感をもたせたり、気持ちを奮い立たせる必要がある場合に役立つ呼吸法である。

1秒に1回くらい呼気と吸気を繰り返すように、20回～50回ほど連続して速い呼吸をおこなう。このとき、しっかりと背筋を伸ばし、鼻から吸ってすばやく鼻から吐く。また吸う息でおなかをふくらませ、吐くときにはおなかをへこませるようにする。

ナーディー・ソダン

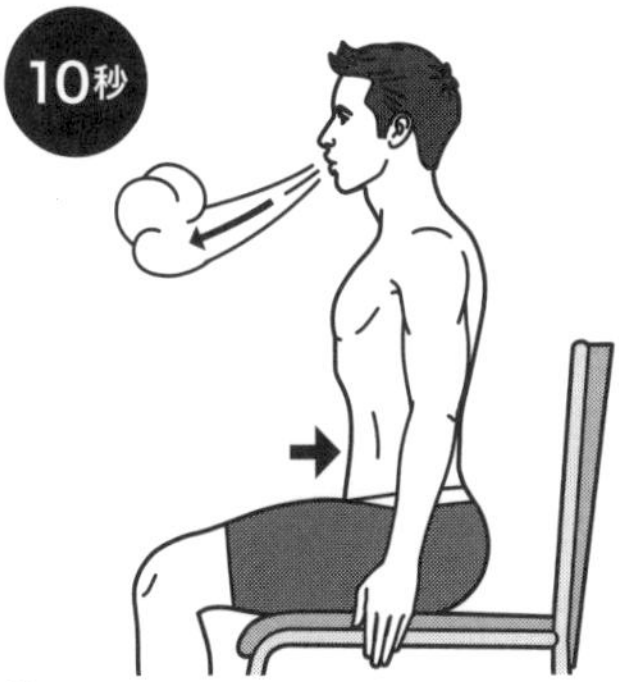

2.
10秒かけて息を吐きながらおなかをへこませる

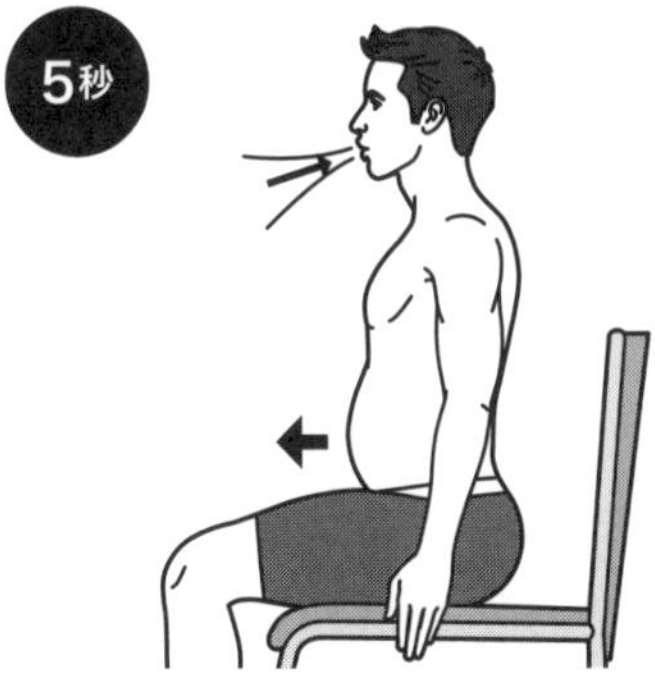

1.
吸う息と吐く息の割合を1対2にする。5秒かけて息を吸いながらおなかを膨らませる

アグニ・プラサーラナ

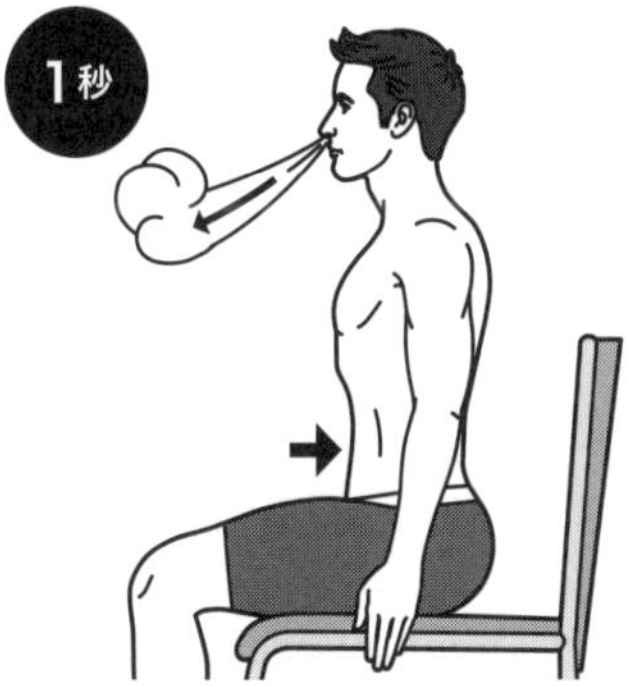

2.
1秒で鼻から息を吐きながらおなかをへこませる(20〜50回繰り返す)

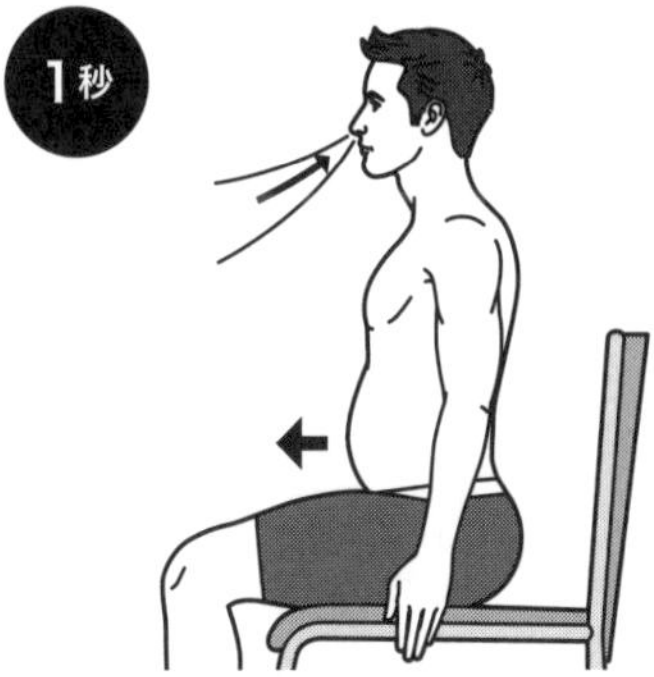

1.
1秒で鼻から息を吸いながらおなかを膨らませる

メンタルトレーニング

心を調える瞑想　5分間

体と気を調えてから、仕上げとして心を調える。心の奥深いところで不調和が生じると、やがて症状として肉体にまで表出する。心身症と言われるものだ。心は思考をおこなう場所であり、ここにひずみが生じると否定的な考えや強い執着心が生まれ、どれだけ体や気が調っていてもおかしな行動が起こってくる。

心を調える方法として、ヨーガでは瞑想を用いる。心の調律は一人静かにすわり、自らの内面を見つめ気づいていく世界であり、すぐに効果が現れるものではない。しかし、継続していけば少しずつ内奥の変化が起こってくる。

その日に自分が遭遇するであろう出来事を想定し、それに対してどのような心持ちで臨み、自らを処していくのか。静かに朝5分間見つめるようにするのが良い。良き1日を過ごせるように、1日の始まりに心を調えるのである。

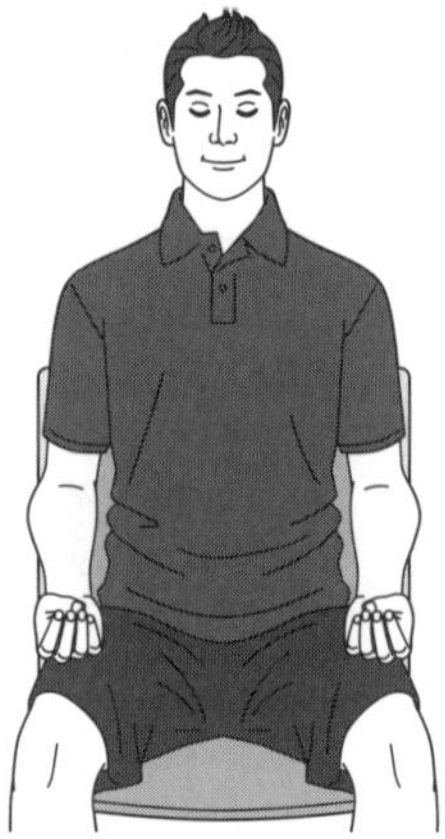

1. 姿勢を正してすわる
2. 目を閉じて、眉間のあたりに意識を置く
3. 自分の内奥に意識を集中させる

第2章

自信をつける

トレーニングの挫折

室屋が白石の門戸を叩いてから8年目に入った。ほぼ月に一度のペースで室屋は白石の元を訪れ、現在もメンタルトレーニングを受けつづけている。こうした長年の師弟関係も、初めから順風満帆というわけにはいかなかった。

白石は岡田の慰労会から2ヵ月半後の11月13日、室屋を下柳剛（プロ野球阪神タイガース）と岡部芳幸（競輪）に会わせている。いずれも、長年にわたり白石が指導してきたアスリートだ。

アスリート同士でメンタルトレーニングの実体験を共有することで、室屋はその成果はもちろん、変わっていく〝感覚〟を理解していった。

室屋：「最初は、メンタルセッションを受けたら次の日からスーパーマンのように生まれ変われるものだと誤解があったのかもしれないですね」

室屋は2人から多くの実体験を聞くうちに、メンタルトレーニングも筋力トレーニングと同じように、地道に続けるものだと理解していった。メンタルという形の見えないものも、トレーニングの成果を信じてひたすら積み上げていけば、結果がついてくるものだということが自然と腑に落ちた。

白石には、この一席を設けた意図があった。じつは、室屋は白石から本格的な指導を受け始めて1ヵ月間、しばしば「心身調律プログラム」を怠っていたのである。

白石：「メンタルトレーニングは続ければ続けた分だけ伸びるので、顔や雰囲気も変わってきます。最初のころの室屋くんには、あれっていう感じがありましたよ。『世界一になりたい』と言う割にはちょっとどうなんだろうかと……。それは30年もメンタルコーチをしていればわかりますよ」

室屋：「初めのころは自分の心が変わっているという実感がなくて、毎朝のトレーニングも半分はさぼっていました。『心身調律プログラム』を教わって1ヵ月くらいしたころに、白石先生から『どう？』と聞かれたんです。なんとなく取り繕って話していると、言葉尻からすぐに見破られてしまいました」

メンタルという、現実からかけ離れたものをトレーニングしていくというのは、室屋にとって雲をつかむような話だった。しかし、白石はコーチングのプロだ。室屋の手抜きを瞬時に見ぬいていた。それでも室屋を責め立てるようなことはせず、自然な形でやる気の芽が伸びるような機会を設けた。室屋も白石の期待どおり、メンタルトレーニングによって成績が上がることを深く理解した。

室屋：「先生とのセッションで、『やってないでしょ?』と笑顔でやさしく指摘されました。日本最高峰のメンタルコーチから教わるせっかくのチャンスでしたし、教え子の選手たちから貴重なお話もたくさんしていただきました。ある意味、実験のつもりで『何がどうなるかわからないけどもう1回やってみよう!』と心に火がつき、それからは確実にステップアップをしていきましたね」

ふたたび閉ざされた道

このころ、室屋は白石のヨーガの師である木村慧心の訳書『魂の科学』（たま出版）を読むようにと言われていた。これは、木村がインドで長く師事したスワミ・ヨーゲシヴァラナンダが著した『Science of Soul』の日本語版だった。しかし、５５０ページを超える大著であるばかりか、内容もあまりに難解だったため、室屋はまったく読み進めることができなかった。そのことを白石に告げると、それでは自分を見つめる手がかりとなる「集中内観」をおこなうことを勧められた。それから室屋は、２０１１年２月に鳥取県米子市にある内観研修所で、木村慧心の指導を受けながら集中内観を体験することになる。メンタルトレーニングを始めて半年がたったころだった。

白石自身もラージャヨーガの師である木村慧心から集中内観を勧められ、35歳のときにこの修行をおこない、効果を実感した。以来、相談にくるアスリートに推奨している。

室屋：「集中内観によって自分が生きている、生かされていることをすごく深いところで実感しました。驚いたのは、自分の脳の中に記憶が全部残っていて、3日、4日とたつと過去の記憶が全てつながってきたんですよね。とても憶えていないようなことが滝のようにドーッと流れながら出てきました。どういうわけで自分が今ここにいて生かされているのかが自然と脳の中の情報として認識できるようになりましたね」

メンタルトレーニングの開始から半年がたち、パイロット室屋義秀として苦しみながらも徐々に内面の変化に気づき始めていたころだった。ところがそれまで積み上げてきたものが全て瓦解してしまうような出来事が起こる。

2011年3月11日14時46分、三陸沖を震源地とした、日本の観測史上最大規模の東日本大震災が起きた。福島にいた白石と室屋は予想もしない大災難に見舞われた。

室屋：「あのときは事務所にいましたが、今までに経験したことがない大きな揺れに立っているのがやっとで……何度も続いた余震で活動拠点のふくしまスカイパークの滑走路に亀裂が入ったために、飛行機を飛ばすことができなくなりました」

白石：「震災のダメージは大きかったですよ。直後に放射能値が16マイクロシーベルトもあり、大切な子どもたちを学校へ通わせていいのかと苦渋の決断を迫られましたね。わたしが校長を兼務していた附属中学校で、いちばん初めに除染活動が始まりました。校庭全体の表土を5センチメートル全て剥がし、深いピットをつくってそこに土を遮蔽して埋めこむと放射能値が10分の1に落ちたんです。その方法で全ての学校で除染がおこなわれていきました」

震災の影響で日本国内全体が自粛ムードとなり、エアーショーをはじめとするイベントは軒並み中止され、室屋は夏まで仕事がない状態に陥った。レッドブル・エアレース（以下、エアレース）が休止となり、代わりに出場を予定していたアンリミテッドの曲技飛行世界選手権までも半年を切っていた。

ふくしまスカイパークの滑走路にはひびが入り、「飛ぶこともままならない。チーム体制は望むべくもなく、スポンサーも当然見つからない。8月開催とはいえ、曲技飛行世界選手権への出場は見送るべきではないか……。室屋の心はあきらめの気持ちが大方を占めていた。

いや、正直に言えば、エアレースのパイロットという派手な経歴を守りたかっただけだったのかもしれない。曲技飛行世界選手権には専門のトレーニングも求められる。「操縦技術世界一」と公言している以上、恥ずかしい成績は残せない。しかし、準備不足は明らかだった。震災を隠れ蓑にして自らの心の弱さから目を背けていた。

そんな折、室屋に一本の電話が入る。東京で音響事業を展開する有限会社楽音舎の鶴岡陽太社長からのスポンサーの申し出だった。

「日本から世界へ挑戦するパイロットを応援したい」

震災から2週間が過ぎていた。エアレースとはまったく畑の違う会社でありながら、心意気を応援したいと直々に電話をかけてくれたのだ。鶴岡社長の言葉で、室屋の忘れかけていた思いが目覚めた。

——2011年8月、出発前にサプライズで壮行会が開かれた。地元の人たちから温かい声援を浴びて思わず涙する室屋。震災のあった福島からの参戦とあって、メディアの注目度も高かった。多くの人たちの思いを胸に、室屋はイタリアへ飛んだ。

2011年8月　曲技飛行世界選手権（イタリア）

曲技飛行競技（エアロバティックス）は、一辺が1㎞四方に設定された空域（BOX）の中でロール（横転）やループ（宙返り）といった定められた課目の正確性を競い合うもので、「空のフィギュアスケート」とも言われる。

1　規定（ノウン）演技（事前に公表）
2　フリー演技（規定課目を含んだ自由構成）
3　アンノウン演技（競技の48時間前に発表）

以上の3種目があり、ノウンで予選を争い、フリーとアンノウンの合計点数で争われる。フライト順を決めるくじ引きで、室屋を予想もしない落とし穴が待ち受けていた。60人以上もの選手がいる中で1番になってしまったのである。

空の競技では1番目の選手は不利になる。上空の風を読むことができないうえに、審判の判定も厳しい傾向にあるため、選手は皆、1番目を敬遠する。どのパイロットも最初のフライトを参考にして自分たちがどう飛ぶのかを決めるのだ。

このとき、1番目のパイロットになったと報告を受けた白石は、「くじ引きで運の悪さを使っておけば、良くなるしかないよね」と室屋にポジティブな言葉がけをしている。白石からすれば、運が悪いと思えることも決して無駄ではない。誰にでもあることは気にするに及ばないのだ。

しかし、その言葉とは裏腹に、室屋は競技前から強い緊張を払拭できず、思うようなレース運びをすることができなかった。練習時間の捻出が困難であったこともたたり、結果は予選落ち。アンノウンを演技することもできなかった。2003年に初めて曲技飛行世界選手権に参戦して以来の最低記録となった。

今まで成績が悪かったことは何度もある。そのたびに自分の技量・実力不足を思い知り、成長の糧として前向きに捉えていた。しかし、このときは違った。準備不足とはいえ、世界最高峰のエアレースパイロットとして挑んだ大会だった。

室屋の頭の中に、いまだに体育館で避難生活を余儀なくされている福島の人たちの顔が浮かんだ。あまりにも不甲斐ない結果。海を渡って、自分は何をしに来たのか。たくさんの応援があってこの地に来られたのに、全ての期待を裏切ってしまった。室屋にこれまで味わったことのない感情が湧き起こり、それは日増しに大きくなって心を支配していった。

「いったいなんのために競技をしているのか……」

自らが飛ぶ理由を見うしなってしまった。もう飛行競技をやめるべきだろうか——。

それから室屋は塞ぎこみ、人との接触を避けた。

室屋：「世界選手権は惨敗でしたし、今までお世話をしてくれた人たちにどう言えばいいのか悩みました。テレビの特集もあったので、袋叩きに遭うだろうと思うと福島に帰るのはつらかったですね」

——絶望の淵で

福島を拠点に活動している室屋は、しばしば復興のシンボルのような扱いをメディアからされる。しかし、室屋自身は震災のあとでも「地元のために！」と特別に力むようなことはなかった。自分の活動が福島の人たちにプラスに働くかどうかはわからないが、「役立つならばいくらでも活用してもらいたい」というのが福島を活動拠点にして18年たった今も変わらないスタンスだ。

こうした当たり前のことに気がついたのは、奇しくも他人を避けて1人で考える時間が増えたことが原因だった。自然と自分自身と向き合うようになり、1年前に白石の勧めでおこなった集中内観に似た作業を繰り返していた。このとき、室屋の身を案じた白石は、こんな言葉をかけている。

「室屋くんは選手でありながら、スタッフの仕事まで全て1人でおこなっていたんだから、それでは試合にいい状態で入れるはずないよ。よく1人で立ち向かったね」

自信を喪失し、完全に落ちこんでいた室屋は、白石の言葉に大いに助けられたという。自分はエアレースのパイロットとして見られることばかりを気にして競技に臨んでいた。スポーツには負けることもある。周りは競技の成績をそこまで気にしていない。

これまで好きな競技に打ちこむことができたのは、多くの人たちのサポートがあったからこそである。「自分は多くの人たちに支えられている」と実感できるようになるとともに、感謝の気持ちが湧き起こり、忘れかけていた過去の思い出も次々とよみがえってきたのだ。

室屋：「白石先生のように無償で色々な支援をしてくださる方々が周りにたくさんいま

す。自分がお返しをしようと思っても、口々に『次の人に送ってあげればいいんだよ』と言ってくださいます。自分はなんのために競技をしているのか、誰の目を気にしているのかを深く考えました。もし集中内観の経験がなかったら、そうしたことを思い返すことすら考えつかなかったでしょうし、震災の時期は乗りきれなかったかもしれません」

決心

「操縦技術世界一」

自分がほんとうに求めているものに改めて気づいたことで、室屋は一歩下がって敗因の冷静な分析をおこなうことができるようになった。

ルール変更に気づくことができなかっただけでなく、曲技飛行というエアレースとはまた違ったスキルが求められる大会で、技術的にもまだまだ未熟だった。

室屋が競技を見つめ直し、心機一転、選手としての活動を始めた2012年。じつは白石と室屋は2回しか会っていない。それまで毎月1回のペースで会っていた2人も、ふりかえって「なぜこんなに少なかったのかわからない」と、拍子抜けするほどの回数だった。

　白石はアスリートと契約をしているわけではない。求められたときにコーチングを無償でおこなっているのだ。つまり、選手が白石を必要とするときの多くは、メンタルが弱っているときである。

　2012年に入ってもエアレース再開の目処は立っていなかったため、7月、曲技飛行世界選手権（ハンガリー）に2年連続で出場することにした。この時期の室屋は、精神的には充実していた。

　白石は、室屋をかつての師であり体操界で道を切り開いていった金子にたとえた。日本が体操世界一になっていくまでの過程が書かれた金子の著書『体操競技のコーチング』（大修館書店）には、トレーニング方法はもちろん、年間や週間の最適なトレーニングサイクル、冬場で試合がない期間に取り組むべきことなどが克明に記されていた。たとえば年間8試合の中でいちばん勝ちにいくべき試合にピークを置き、そこに向けて心・技・体を完璧にチューンアップしていくというものだった。

　白石は、時間がかかるかもしれないが、金子の本で学ばせることで「室屋が世界一になることができる」と考えたのだ。

室屋：「2012年の世界選手権は、アンリミテッドからアドバンスへ降格となりました。大会を練習やトレーニングという位置づけにして出場してみると、結果は90人中13位でした。決して納得のいく順位ではなかったんですが、岩田圭司さんと日本チームを結成することもできて、初めて競技を『楽しむ』という感覚を味わった気がします」

室屋は、純粋に技術向上のために競技を楽しめるようになっていった。このときに見直した基本的な技術が、現在の世界最高峰の技術のベースにつながっている。

その年の10月には、ふくしまスカイパークで第3回全日本曲技飛行競技会が開催され、予想を上まわる参加希望者が集まった。室屋は、これまで1人で競技に打ちこみ、壁にぶつかるたびに白石を頼ってきた。だが、競技会を通じてパイロット仲間が増えると「楽しみながら競技をすることは素晴らしい」と、初めて気が付かされたのであった。また、自分がプロスポーツ選手であるが故に、スポンサー獲得に必死になり過ぎていたことを考え直すようにもなった。

——エアレースの再開

12月にはパトリック・パリスに飛行技術の指導を仰ぎ、翌年の曲技飛行世界選手権に備えていた折、2013年4月に朗報が届く。2014年のエアレース再開決定の知らせだった。室屋はレース出場に必要なスーパーライセンスを再発行するために、6月からスロベニアのクオリフィケーション・キャンプに参加した。

2011年の震災以降、数々の困難を乗り越えてきた室屋は曲技飛行世界選手権での戦いに備えてベースとなる飛行技術を徹底的に向上させた。

室屋のトレーニング量は、ほかのパイロットのそれをはるかに凌ぐものだった。キャンプでは納得のいく成果を出すことができ、確かな自信が芽生えていった。

室屋が最上位のアンリミテッドクラスで曲技飛行世界選手権（テキサス）に再挑戦すると、信じられないような出来事が起こった。フライト順を決めるくじ引きでまたしても1番目を引き当ててしまったのだ。このときばかりは、イタリアでの惨憺たる結果がフラッシュバックしたという。

室屋：「一発勝負の大会ですぐに終わってしまうので、かなり緊張しました。メンタルをどうコントロールしたらいいのかわからないまま本番に入っていましたね。白石先生が会場にいてくれれば、どうにかなったのかもしれませんが」

すぐさま白石の元に室屋から連絡が入った。白石の経験上、どんなアスリートであってもメンタル面でうまくいっているかどうかは、声を聞いただけですぐにわかる。しかし、くじ運の悪さが何かを暗示しているかなどわかるはずもない。起こること全てに無駄なことはない。それも全て与えられたことだと言う以外にはなかった。

室屋は競技中も緊張が強く、フライトをおこなわずに、逃げたいような気持ちとなっていた。しかし、最終フライト前、不思議な体験をする。空港へ向かう車中から目にした競技中の飛行機が、豆粒のように見えたのだ。すると肩の力が自然と抜けていった。

「競技中の飛行機は遠くから見ればどれも一緒に見える。自分の成績云々なんてたいしたものではない」

フライト直前でメンタルが落ち着いた室屋は、4ミニッツ・フリースタイル部門6位となり、世界選手権で初めての上位入賞を果たした。

エアレースは1年のシーズン中に8戦あり、室屋は年間スケジュールが決まった中で心・技・体の調整をおこなうことにしている。一方、世界選手権は予定が決まっているものの、開催されるのは年に一度のみだ。しかも室屋が出場を予定していた大会は、このアンリミテッド世界選手権テキサス大会の1回だけだった。

白石：「本番が年に1回しかない競技はとてもつらいですよね。選手は試合に慣れるということができませんから」

たとえば、プロ野球の選手は年間を通してペナントレース143試合を戦い抜くので、実践を積みながらメンタルをつくることができる。しかし、試合が年に一度では、練習はできても試合本番のプレッシャーは経験できないので、メンタルコントロールも難しくなるのだ。

この時期、白石は室屋にマンダラ（曼陀羅）による心の整理を勧めている。マンダラはもともと、弘法大師空海が中国から日本に持ち帰ったものだ。中心には大日如来が位置し、マンダラ全体は宇宙を示していると言われる。

密教では、修行者に「自分の心をマンダラの世界に投げ入れよ」と説く。またマンダラそのものが瞑想の対象ともなっている。こうした密教における重要な修行の手段であるマンダラを、現代人が自己を見つめるツールとして使うという大胆な発想をした人がいた。アートデザイナーの今泉浩晃である。今泉は、本業のかたわらマンダラに興味をもち、それをまず自分を知るための道具として、そして発想の整理や目標実現のための補助ツールとして使うことを提案した。これが「マンダラート」である。

白石はメンタルコーチとして参加したシドニーオリンピック（2000年）の前に今泉と会い、マンダラートの活用方法について話し合って以来、マンダラートを選手の心の整理に利用してきた。

白石は室屋にも書き方を説明し、マンダラートを書いてみるように言った。

室屋は、選手として経営者としてやるべきことを全て1人で仕切ってきた。エアレースの再開が決定した瞬間から、トレーニングだけではなくチームマネジメントなど準備するべきことが無数に発生するのだ。

限られた時間の中で何から手をつけていくべきなのか。白石は「ゾーン」と「スランプ」の2つのシチュエーションを想定したうえで、室屋に頭の中にあるものを精査させた。

最初はマンダラをうまく埋めることができなかった。しかし、マンダラを書く中で心が徐々に整理されていくと、自分が選手という立場で飛ぶことが理想であると明確にわかった。

フライトに集中できる環境をつくるために何をすべきか。チームの運営をまかせるためにはどうすればいいのか。

2014年のエアレース再開に向けて動くべき方向性が決まった。

この時期、白石は「運」についての書籍を2冊紹介している。レース前のくじ引きは室屋にとって鬼門だった。今でも自身のくじ運を信用しておらず、宝くじさえ買わないようにしているほどだ。

1冊目は、日本将棋連盟会長だった米長邦雄の『運を育てる』(クレスト社)だ。米長は50歳で名人になった遅咲きの棋士で、プロ野球元セリーグの川島広守会長もこの本を絶賛し、各球団の全選手に配っていた。白井一幸も愛読している。

白石がよく引用するのは運についての一節だ。

「運というものは育てるものであり、勝負師は運に見放されては駄目なのである。運というものは偶然でも何でもなく、生き方で育つ。

勝利の女神は女性なので、女性に好かれる方法を行えば、勝利の女神さまが微笑んでくれるのである」

室屋：「この本に書いてあることは、集中内観の延長みたいな感じがありましたね。女神と宇宙が奥底でつながっているという世界観について書いてありまして、同じく白石先生から勧められた、天外伺朗さんの『運命の法則』（ゴマ文庫）の内容にも近いと思いました」

天外伺朗はロボット犬ＡＩＢＯの生みの親でもある工学博士だ。ソニー創業者の井深大の最後の弟子が天外で、井深から直々にアナログのテープからデジタルに移行するように命を受けて、度重なる困難を乗り越えてＣＤを開発した。天外は、のちにソニーの取締役にまで昇進している。

天外の『運命の法則』（ゴマ文庫）には、自分の過去をよく観ることの大切さが書かれている。

「成功と失敗は交互に来る。人は成功した瞬間やどん底に叩き落とされた瞬間だけを観てしまうが、その前を観なければならない」

白石は、スポーツ選手たちを究極の集中状態である「ゾーン」に入れることで結果を出しつづけてきた。

天外はこの状態をビジネス版で「フロー」と呼び、企業経営で大成功を収めてきた。白石はフロー経営に関するマネジメントセミナーに招待されたときに、天外と初対面を果たした。

また、同じ招待者席には、Jリーグで2連覇を達成した横浜F・マリノスの監督を辞任したばかりの岡田武史がいた。セミナー後の晩、白石は天外、岡田と食事をしながら「ゾーン」や「フロー」について熱く語り合い親交を深めていった。

室屋にとってエアレースが復活するまでの3年間は力をためるための期間となった。2011年は震災で被害に遭うも曲技飛行世界選手権に出場し、2012年は飛行技術の腕を磨いた。

2013年から白石とのセッション回数を増やしていくと、メンタル面での大きな成長を実感できた。そして2014年に再開されたエアレースでは、心・技・体がかなり高まった状態で臨むことができたのだ。

メンタルトレーニング

集中内観で自分の過去をふりかえる

内観法は、吉本伊信（1916〜88年）が自身で体験した浄土真宗の親鸞上人の「身調べ」をベースに、苦行性や宗教性を取り除き、誰もがおこなえるようにした日本独自の心理的転換技法である。

吉本は、1953年に奈良県大和郡山市に内観道場を開設し、「集中内観」を指導し始めた。1日13時間、7泊8日で100時間ほどのあいだ、部屋の四隅を屏風で囲んだわずか半畳ほどの空間に静かにすわりつづけ、両親、先生、配偶者など、これまで出会ってきた人に対して3つの調べごとをする。

3つの調べごと

1　〜さんに何をしていただきましたか。

2　〜さんにどのようなお返しができましたか。

3　〜さんにどのようなご迷惑をおかけしましたか。

3つの調べごとは、1時間ごとに、ある期間の誰かに対しておこなう。たとえば、自分が9歳のころの母親に対しておこなう。何をしてもらったのか、自分はどんなお返しができたのか、どんな迷惑をかけたのかといったことを具体的に調べていく。

1時間後、面接者が屏風を少し開けて、「ただいまの時間はどんなことをお調べいただきましたか?」と尋ねてくる。気づいたことを5分ほど話すと、「ありがとうございました。それでは、次の時間は10歳のときのお母さまに対して、同じようにお調べください」と言われて、ふたたび屏風が閉じられる。

「集中内観」は、100時間余をかけて半生を見つめ直すという作業だ。ひたすら自分の歩いてきた道をたどることで、今までどれほど多くの人に支えられ、生かされてきたのかが深く理解できるようになる。人は誰だって1人で生きているわけではない。おたがいに支え、支えられて生きている。こうした当たり前のことにも、自分の内面を見ずに、外のことばかりに囚われていると気づけない。

集中内観では、誰かから指示されたり、強制されたりすることはまったくない。「独悟」と言われる東洋的な精神修行法の伝統を踏襲している。「感謝」や「生かされているという感覚」に気づくことで、心が軽くなる。深く悩み、切迫感をもつトップアスリートになるほど、白石は集中内観を勧めている。

集中内観は1960年半ばごろには有力な矯正手段として全国各地の矯正施設で採用され、その効果の高さから、医学界、学校教育や企業教育にも広がりをみせた。

1978年には「日本内観学会」が設立されて現在に至っている。その後、内観研究所が全国各地に開設されている。

1週間の集中内観によって、しばしば劇的な人生観、世界観の転換が起こり、心身の疾患が治癒することがあると、日本内観学会などで数多く報告されている。

メンタルトレーニング

日常内観

寝る前の15分で、静かに目を閉じてすわり、ゆったりと呼吸をする。そして、自分に対して「白石豊さん、ありがとう」や「今日もよくやったね。ありがとう」と言う。「ありがとう」というのは、基本的に他人に対して言っているだろうし、自分のことを〃白石豊さん〃などと呼ぶことなどない。しかし、ここでは他人に伝えてきた「ありがとう」を自分にも言う。こんな簡単なことでも、うれしくなるし心持ちは大きく変化する。やってもらえればすぐにわかる。

あらゆる問題の根源は他人ではなく自分にあるのである。自分の見方を鍛えられる。どう変わるかは実際に体験していただきたい。

日常内観

メンタルトレーニング

マンダラによる心の整理法

人間の脳や心に蓄積されているなんの関連もないような情報が、あることをきっかけにして突然結びつき、思いもよらなかったアイデアや気づきが生まれることがある。いわゆる「ひらめき」や「悟り」である。この直感的な作業を論理的に再現するためのツールがマンダラであり、密教の教えの中にある瞑想の対象である。

密教は、インドで広まった教えのエッセンスを集めたもので、「密度の濃い教え」という意味だ（決して秘密の「密」という意味ではない）。先に述べたとおり、マンダラ全体は宇宙の縮図とされていて、人間の心模様を全て表している。密教の修行者は「自らの心をマンダラの世界に投げ入れよ」と説かれる。

複雑なマンダラも、心の整理法として利用するときには驚くほどシンプルにできる。白紙に空白の9マスを描き、中心にテーマを書く。次に、中心のマスから上下左右と斜めの計8つの方向に関連するアイデアを書きこんでいく。中心のマスと周辺の8マスは、相互に関連し合っている。展開は、つねに双方向だ。人間の脳は複雑で、アイデアは無数にある。しかし、あえて8つに絞るところにマンダラの良さがある。

──ゾーンマンダラとスランプマンダラ

選手にとって最高のパフォーマンスができる状態が「ゾーン」である。「どうしたらゾーンに入れるのか」が選手の中で整理されていたほうが、再現性は高くなる。結果はあとからついてくるもので、大切なことは「絶好調」な状態で競技に臨めるかである。最高のパフォーマンスを出すためには事前にマンダラで「ゾーン」状態に入るための心の鍵を整理するのが有効だ。

マンダラのマスの中心に「ゾーン」と書いたら、ゾーンという部屋に入るためには8つの鍵があるとする。自分がゾーン状態に入っていた、絶好調だと感じたときのことを思い返して、その原因となることをゾーンの周り8マスに書きこんでいく。「集中」「冷静」「自信」「決断」「感謝」「楽しさ」といった要素が挙がってきた場合には、これらがゾーンの部屋に入る鍵だったということになる。

次にその鍵一つひとつをテーマに新しくマンダラをつくる。「集中」をテーマにして、「集中」という快適状態に至るための8つの鍵を考えるのである。競技だけではなく、これまでの人生で集中していたと思える状況、状態を思い出して書きこんでいく。「集中」を終えたら、次に「冷静」「自信」と順次、進めていく。

つまり、「ゾーン」という最高の状態に入るための鍵が8つあり、その8つの鍵を手にするための小部屋がさらに8つで、合計64の要素から「ゾーン」が成り立っていることになる。さらにこれをイメージ化し、1つずつを絵にしていけば、マンダラさながらの自分だけの「ゾーンマンダラ」が完成する。

マンダラは人間の心模様全てを映し出す。心の整理法として考えると、絶好調状態だけを探るのでは十分ではない。何が自分を不調にするのかも分析しておく必要がある。

同じように9つのマスを描き、中心に「スランプ」とテーマを書く。その嫌な部屋に入っていってしまう鍵をそれぞれ書き出す。「緊張」「恐れ」「不安」といったものが思い浮かぶかもしれない。自分がダメになっていくパターンを思い出していくと、最悪な状態に陥ってしまう64の鍵がわかる。

「スランプマンダラ」をつくる作業は楽しいものではないし、つくっても見返したくないと思うかもしれない。しかし、自分の心を知るうえではたいへん貴重な手がかりとなる。正直に欠点も見つめたうえで、日々「ゾーンマンダラ」に書いてあることを1つでも多く実行し、「スランプマンダラ」にあることを極力避けることで、最高の状態を保つためのマネジメントができるようになる。

これは仕事にも応用できる。「今日の仕事」と中心に記入し、最も重要で緊急なものを、まず下段の中央に書きこむ。それから時計まわりで順番に記入する。１日に緊急かつ重要なことを８つも完了させれば、その日は大きな満足を感じて眠りにつけるだろう。

ゾーンマンダラ

STEP 1

リラックス	感謝	冷静
安心	ゾーン	自信
楽しさ	決断	集中

９つのマスの中央に「ゾーン」と書きこむ。ゾーンに入ることができた絶好調の時を思い出し、その要素となった鍵を８つのマスに書きこむ

STEP 2

	集中	

新たな９つのマスに、ゾーンを生む鍵の１つを中央に書き込む。その鍵を生む要素をさらに８つの部屋に書き込んでいく。同じ要領で、ＳＴＥＰ１の8つの鍵全てについて同様におこなうと、ゾーンに入るための合計64の鍵がわかる

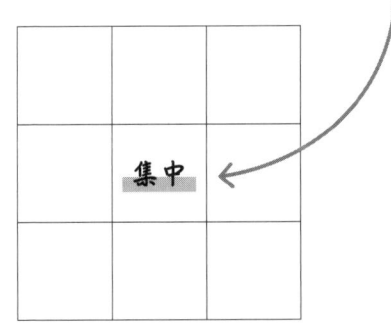

スランプマンダラ

STEP 1

ネガティブ思考	疲労	緊張
準備不足	スランプ	恐れ
人間関係	不眠	不安

9つのマスの中央に「スランプ」と書き込む。スランプに入ってしまう鍵を８つ書き出していく

STEP 2

	不安	

新たな９つのマスに、スランプを生む鍵の１つを中央に書き込む。その鍵を生む要素をさらに８つの部屋に書き込んでいく。同じ要領で、ＳＴＥＰ１の8つの鍵全てについて同様におこなうと、スランプに陥ってしまう、極力避けるべき合計64の鍵がわかる

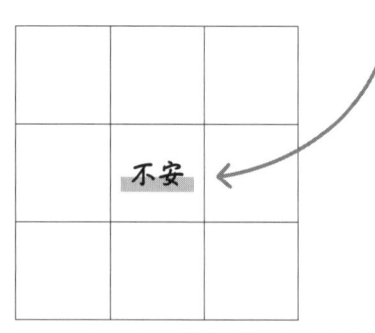

第3章

緊張をいかにとるか

2014年　レッドブル・エアレース再開

3年ぶりとなるレッドブル・エアレース（以下、エアレース）の再開が決まっていたが、室屋は開幕戦に向けての準備に追われ、あわただしい日々にトレーニングどころではなかった。あまりに膨大な作業量を前に、この先もチームづくりをしながら、パイロットを両立できるものかと、不安がよぎっていた。

1日の睡眠時間が3時間に満たない日ばかりで、倒れる寸前まで働き続けていた。「このまま年明けのエアレースを迎えるのはあまりにも厳しい」と感じ、2014年1月、アメリカでのトレーニングキャンプに入る前に白石の元へ向かった。アメリカ入りしてしまえば、帰国後すぐにオーストリアでのレッドブルのトレーニングが始まる。それが終わると開幕だ。まさにすがる思いで白石に会いに行った。

室屋：「忙しく朝30分の心身調律プログラムを怠る日も増え、おこなったとしてもテンションが今ひとつ上がりませんでした。何をすべきかが整理されていませんでした」

エアレースのシーズンが始まると世界各地を転戦することになる。2011年から2013年までは1大会だけの参戦だったが、2014年からは8戦と、試合数が格段に増える。1年中ピークではいられないし、行き当たりばったりで試合に臨んでいては潰れてしまう。白石は、つねに全力投球するのではなく、試合と試合のあいだは力をゆるめて、試合当日にピークをもっていくためのプランニング方法を指導した。それがアファメーションだ。

最終目標となる年間総合チャンピオンは頭の片隅に置いておいて、まずは初戦に向けて今日からするべきことを以下の3つのタイムフレームで区切ってまとめる。使用するのはB5サイズほどの白紙1枚とペンだけだ。

①今年1年何をするべきか
②シーズン前半戦に何をするべきか
③2月28日の初戦に向けて今日から何をするべきか

アスリートはそれぞれ最終目標をもっており、それがあるからこそ、高めていくべき能力や身につけるべきスキルが見えてくる。ただし、一足飛びに到達しようとしてあらゆる面で自分を限界まで追いこんでももたないし、息が詰まってしまう。1日1日確実に達成できる目標を組み立てて積み上げていくことが、最終目標を達成するための最短ルートなのだ。

「年間総合チャンピオン」になるためには、初戦のアブダビで具体的に何をしたいかが思い描けていなければならない。レースが8戦もあれば、勝つ試合もあれば負ける試合もある。大切なことは、チャンピオンになるために、試合ごとに何を目標にすればよいのかを明確にすることだ。

室屋：「全部うまくいくことはないし、良いときも悪いときもあるので、頑張りすぎても結局もたないと考えることができて、冷静になれましたね」

アスリートのピーク、すなわちゾーン状態に入れる人間は、負けたときや失敗したときでも何を得られるかを事前に推し量ったうえで競技に臨んでいる。負けても失敗しても最終目標につながる道であれば、勝ちにこだわりすぎて緊張やプレッシャーを自ら背負うことはなくなる。負けたときこそ、そこから何を得られるのかを考える必要があるのだ。白石は室屋をこう送り出した。

白石：「エアレースの中止や震災があったことを考えれば、エアレースの再開が決まり、トレーニングキャンプへの参加が決まり、着実に階段を上がっているじゃないか。人生は良いことばかりはないし、苦難は山ほどあることを考えれば、今は決して悪い状況じゃない。

初戦で最高のパフォーマンスを出すためには、これから始まる2週間のアメリカキャンプがいちばん重要なんだ。14日間を毎日全力投球するのではなく、上手に休みながらピークを出すためには何が必要だろう？」

結果を出すためには、ここぞという、力を出したい場面で全力を発揮できればいいのだ。そのためには、まずは目の前の1日をどう乗り越えるのか、1週間をどう過ごすのかを設計しておかねばならない。

仕事においても1日の中で「ここが本番だ」というものがあるだろう。そのときに実力を発揮するためには、1日中気を張っていては身がもたないから、スケジュールにメリハリをもたせるといい。

最終的に何をつかむのかは自分の中で決めておきつつ、上手にゆるめながら、ここぞというときに一気に集中してタスクをこなすのである。

スポーツの世界には運動リズムというものがある。力を抜いては入れ、抜いては入れると、リズムが生まれてパフォーマンスを発揮しやすくなるのだ。

一流選手は皆、力を入れつづけることはないので、リズミカルに動くことができる。入れて入れて入れてでは、初心者と同じでまるでリズムは生まれない。

心にも、まったく同じことが言える。

エアレースで空を飛んでいる約70秒間が、絶好調であれば良いのである。そのためには、毎日何を吸収するかを決めて、ゆるめるところ、力を出すところをあらかじめ考えておく必要がある。

室屋にとっては、本番のレースを考えるよりも、まず直近のアメリカキャンプで、何を日本に持ち帰るのかというイメージを強く描くことが、何よりも大切だった。

白石は、そのために「アファメーション」と呼ばれる方法を伝授した。

「今日はこれだけつかんで帰るぞ」というその日になすべきことを紙に書き出して、声に出して読んでみる。

練習が終わると1日の反省として「明日はこれだけやるぞ」という目標をまた書き出して、声に出して読む。

初めから自分に達成の予言をすることで、コミットメントが高まるし、反省するので失敗から得られる情報量も多くなる。

目標とするレベルに到達するためには、何が足りないのかと、課題が鮮明になることで、何をすべきかも見えてくる。

それから室屋が毎朝の日課として始めたことがある。表彰台に立つ自分のイメージトレーニングだ。

毎朝の日課として、室屋はアファメーションシートを読み唱えながら、総合優勝して、表彰台に上がっている自分をイメージしていった(138ページ参照)。

室屋：「2014年は総合優勝をしたいと思っていましたが、まだ届くという感じではなかったですね。でも、アファメーションは毎朝やっていました」

室屋はアファメーションを重ねることで、1日1日をいかに競技で勝利するために使うべきか集中するようになった。

すると、何をしなければならないのかが整理されて、どのような結果を期待するのかを考えるようになり、年間総合優勝をめざすうえで、不要なものが次々と外れていった。

さらに、さまざまなアイデアが浮かんだり、ほかの選手は同様の課題にどう対処しているのかなど客観的に課題を捉えられるようにもなった。自分が表彰台に立ってみるとどのような景色が見えるのか、シャンパンファイトはどのようにやるのかを鮮明にイメージできるまでになった。

――エアレース開幕

2014年2月28日、エアレースが4年ぶりにアブダビで再開された。パイロンが5メートル高くなり、G制限が12Gから10Gに引き下げられるなど、安全性が増したことと、新ルールによりエンジンとプロペラは統一規格のものを使用することになった。エンジン性能の差は勝敗を決する大きな要因であったので、12名のパイロット全員がより同じ条件の下で飛行する、純粋に操縦技術が問われるレースに変わっていた。

迎えた開幕戦。室屋は予選では8位、最終順位は9位となった。決して満足のいく成績とは言えなかったが、4年前と比較して技術レベルでの確実な進歩を感じていた。本番の舞台で、世界トップのパイロットたちとの実力差が縮まっていることを実感できたことが最大の収穫だった。また、課題であった緊張もいつのまにか払拭されていて、終始冷静にノーペナルティで飛ぶことができたのである。

2戦目のクロアチアは、レース直前に風向きが変わって強風となり、苦戦するパイロットたちが続出した。そのような状況でも室屋は自分が決めた飛行ラインに沿って淡々と操縦し、パイロンにヒットさせることなく通過していき、予選では6位と好位置につけることができた。

技術的に自分は優位に立っていると感じるほど、この日の室屋は冷静だった。トップ12、スーパー8と着実に勝ち残り、最後のファイナル4では、チャレンジャーとして優勝を狙い、かなりギリギリのラインを攻めた。結果は3位となって、初の表彰台を経験することになり、まさにイメージしてきたとおりの結果を手にしたのだ。

室屋はこの日、人生で初めてうれし泣きを経験した。浮かんできたのは、これまで自分を支え、応援しつづけ、自分以上に表彰台を喜んでくれた人たちの顔だった。新型V3に乗るパイロットたちに対して、旧型V2で挑んだ室屋にとってはベストフライトだった。今まで取り組んできたことは間違いじゃない。努力をすれば必ず報われる。一時は引退まで考えたことが嘘のように、全てがうまくいくような感覚だった。

――緊張をいかにして払拭したのか

第2戦で人生初の表彰台に乗った室屋だったが、決勝トップ12への苦手意識は依然として払拭されなかった。皆同じ条件ではあるが、ウォームアップを十分にする時間がなく、いきなり飛ばなければならない状況で、どう集中をもっていくのかを模索していたのだ。

室屋：「よくわからない緊張感がちょっとありましたね。それがどこにあったのか。それがあったほうがいいのか、ないほうがいいのか。また今までよりも小さいのはなぜなのか、よくわからない状態でしたね」

「順位を気にしてもしょうがない。負けたって楽しんでやろう。普段の朝から自分が何となくイケる感じがしていると考えよう」

白石のアドバイスを室屋は忠実にこなしていった。実際に調子の良さを感じているわけではなかったが、無理矢理「今日は、今回はイケる！　イケるはずだ！」と口に出し、周囲に公言していた。

不思議なもので、繰り返し言いつづけていると、ほんとうに調子が上がっている気がしてくるのだ。レース前々日からおこなわれたフリープラクティスのタイムも上から5、6番目と好位置で終えることができた。

室屋は本番の予選でも実力を発揮しつつあった。スーパー8とファイナル4を順当に勝ち上がり、最後のレースでは条件が悪い中、タイムをさらに縮めることにも成功した。

室屋：「メンタル的には今まで教えていただいたことが気持ち良くできたなと思います。1、2位の選手とは1秒ほど差がありましたが、機体の性能などの差を考えると結構いい勝負ができていましたね」

このとき、室屋の活躍は番狂わせのように報じられていた。レース会場では、テレビやマスコミが日本人初の偉業が間近であると騒ぎ立てていた。

だが、室屋は恐ろしいほどに落ち着いていて、周りが何を言おうとも自分が勝ち残っていることを当然だと思っていた。「何番を狙っているのか?」と、メディアは順位予想にやっきになっていたが、室屋は自分の作戦を実行するのみとひたすら言いつづけていた。「優勝」「表彰台」という言葉を引き出そうとする周りに流されず、自分のペースを保っていたのだ。それは、浮足立たず、給油をしてすぐに飛び立たなければならない状況で、気持ちを切り替えていた証拠でもあった。

今まで感じていた緊張感が、期待感からくるワクワクに変わっていた。同時に、これ以上ないほど落ち着いて自分をコントロールすることができた。

――自己成就予言が現実と一致した瞬間

室屋は、初の表彰台入りを「イメージトレーニングでおこなってきたことが、徐々に現実で起きてくる感覚だった」と語る。

室屋の機体である旧型のV2は、データを解析してみるとほかのパイロットが乗るV3と比べるとスピードが出にくく、まともに飛べば1秒以上も遅くなり太刀打ちできない。うまくいっても5、6番目が順当な位置であった。

第2戦のクロアチアのロヴィニは普段南風が強い会場だが、レースの日に限って西風が強くなり、パイロンヒットが多くなる荒れたレースとなった。

多くの選手が失敗して脱落していくなかで、室屋は冷静沈着な判断力と技術力を駆使して、どうにかファイナル4にまで残ることができた。地道に続けてきたトレーニングの成果により自信がもてるようになり、その自信が確信へと変ることにもなった。

夢見る世界一まで、あと僅か。機体の性能による不利を考えると、トップになるのは厳しいかもしれない。だが、自分には技術がある。挑戦者として失うものは何もない。

最終レースでは、優勝に向けて攻撃的なフライトで挑んだ。ほかのパイロットとは違うライン取りや操縦をし、果敢にゲートを通過してゴールに向かって突き進んでいったのだ。室屋は次のようにふりかえっている。

室屋：「これまでのレース人生の中で、いちばん自分をコントロールすることができました。結果、表彰台にまで上がれたのでうれしくて楽しかったですね。応援者の方々の喜ぶ顔を見て、思わず涙しましたが、イメージと現実が重なり始めていたので、表彰台に立ったこと自体は『当然乗るでしょ』という感じでもありましたね。うれしい反面、すごく落ち着いてもいました」

白石によると、アファメーションを実行している人は、目標が達成できたとしても毎日見ている光景のため、感激して泣いたりはしないという。室屋も表彰台の頂点に立つほどのセルフイメージは確立されていなかったが、手探り状態の中で早めに結果が出て、手応えを得ることができた。

第2戦は、優勝したハンネス・アルヒと2位のポール・ボノムがずば抜けていたので、3位以下は乱戦状態であった。室屋は、エアレース史上初めて、アジア人・日本人パイロットとして表彰台に立ったことによって、自分自身の操縦技術に対する自信が芽生え始めていた。そして、2015年シーズンまでにベストな機体を手に入れる決意が固まったのだ。

――目線

エアレースは、イメージだけ膨らませていても勝てるような競技ではない。技量がないとどうにもならないのだ。室屋は2011年からのフライト・トレーニングで、自身の技術レベルが徐々に上がっているのを感じていた。まだ世界で勝てるところまでには達していなくても、戦えるレベルにはなってきたのである。

白石：「曲技飛行選手権は年に1回しかないために試合経験を積むことができず、非常に難しくやりにくい競技ですよね。一方のエアレースは、2月に始まって10月には終わるので、スケジュールが決まっている中で飛ぶことができます。それで経験を積んでいくと、2014年、2015年、2016年とぐんぐん成績が上がっていくじゃないですか。そして何よりさいわいだったのが2014年にレースが復活して、2戦目で表彰台に上がれたことですね。2014年にわたしのところに来たときに、『今年はまず表彰台に立つ』と言っていたので、そういう意味では取っ掛かりが出てくると実体験も踏まえて変わるんですよね」

アメリカのゴルフツアーでは、年間30試合のうち1勝するだけでもかなりの大成功だと言われている。年間8戦のエアレースにおいても同じことがいえる。また、今回の室屋のように表彰台に上がった場合、「表彰台おめでとう」というだけではすまない。注意すべきは、結果だけを求めてしまうと、次戦から4位以下が許せなくなってしまうことだ。表彰台に上がったことによって、自分に無用なプレッシャーをかけてしまうと、疲弊してしまうことにもなりかねない。

白石も室屋に「1回でも優勝してみると目線がまったく変わり、3位だと悔しくなる」と常々注意喚起していた。室屋も「当時は白石先生から言われていたことが理解できませんでしたが、今ではなるほどと感じています」と述懐している。

室屋はこれまで、パイロット以外の仕事に精を出してスポンサー獲得などにも尽力していた。しかし、高いステージにはいても無冠で、勝てないことに劣等感があり、スポンサーや応援してくれる人たちに対して顔向けしにくい気持ちがあった。

だが、3位表彰台というひとつの結果を手にしたことによって、気持ちがラクになるのを感じたのだ。

室屋:「初めて表彰台に乗ることができて、自分の中のモヤモヤ感が吹っきれました。今までは結果を残せなかったことで、レースに出場するのが楽しみでありながら、仕事としては成果を残さねばならないという重苦しさが常につきまとっていました。そうしたものから解き放たれて、ラクになったような感じがありましたね」

――不測の事態

「人生は良いことばかりではないし、苦難は山ほどある」

白石が言うように、2戦目のあとに予想もしない事態が生じた。それによって室屋は、3戦目を欠場するかどうかという瀬戸際まで追いこまれてしまったのである。

室屋が急遽福島に戻ったのは、第3戦がおこなわれるマレーシアへ成田空港から飛び立つ直前であった。エアロバティックスの訓練生2人が操縦するプロペラ機が、ふくしまスカイパークに戻る途中で、山中に不時着するという事故を起こしてしまったのである。さいわいなことに2人とも軽いケガで済んだが、室屋は2ヵ月近くにもわたる事故処理手続きに追われることになる。

レースどころではなかったが、マレーシアへ渡るとすぐにフリープラクティスに参加し、疲労ばかりが蓄積されて勝てるはずもないレースに出場せざるを得なかった。

続くポーランドでの4戦の直前まで事故処理に大幅に時間を奪われ、まともにトレーニングをおこなうことはできなかった。機体の管理責任者として事故の原因を解明しなければならず、二度と同じような事態が生じないようにと安全対策も徹底しておこなった。それに加えて、スポンサーとの契約履行のために迅速に代替機を手配する必要もあった。

この事態と前後して、室屋は来シーズンに向けて世界一へ少しでも近づくために新型機を購入することを決め、アメリカにオーダーを入れていた。
室屋は、新型機のオーダーやパーツの設計に加えて、事故による代替機の手配、二重になった資金の調達などに忙殺されていく。

室屋：「予定では2016年にV3を購入する調整をしていましたが、2015年に初の日本開催となる千葉での試合が決まり、そこに間に合わせたいという思いが強くなりました。機体の費用を全額支払いきれる感じではなかったですが、オーダーしてから乗るまでに8ヵ月もかかるんですよね。そう考えると早めに購入しないと2015年のレースに間に合わない。どうにかするしかないと思って勢いでV2よりもかなり性能にすぐれたV3を買うことにしました」

2015年にエアレースが日本の千葉で初めて開催されるということもわかり、無理を承知でV3の購入に踏みきったのである。アメリカで購入した機体は、レースで威力を発揮できるようにブラジルのチームと組んで改造され、さらに性能が上がっていた。
その後ギリギリのタイミングでスポンサーからの資金提供を受けて、千葉戦の1カ月前に日本に搬入されることとなった。

――アナリスト・ベンジャミン

室屋は飛行ラインを自分で分析をしながらレースに臨んでいた。だが近年のレースでは、コンピューターによる解析でないとわからないことが多い。自分での分析に限界を感じた室屋は、自分の代わりに分析をおこなえる人物を探していた。

2012年に知り合ったベンジャミン・フリーラブ（愛称はベン）は、アメリカのトップパイロット兼教官でもあり経験が豊富だった。彼であれば自分の力になってくれるはずと考え、2014年から分析官としての参画を打診していた。

2014年7戦目の会場ラスベガスの近くにベンが住んでいることを知り、室屋はレースに誘った。事前にかなりの準備をしていたベンは、その場で試行錯誤し、分析に手応えを得たようだった。室屋は最終戦で「新しい機体を導入するので一緒にやってくれないか」と再度話を持ちかけ、ベンと仲間のコンピューターエンジニアが加わり、室屋が想像する以上の解析プログラムが次々に開発されていった。室屋は心強いメンバーと新機体とともに、2015年シーズンへ挑むことになった。

２０１５年　エアレース初の日本開催

日本でのエアレース開催をめざして、室屋は２０１１年ごろから準備を進めていた。テレビなどの映像でしか見ることができなかった、世界最速のモータースポーツであり究極のエンターテインメントとも言われる迫力満点のエアレースを、日本で間近に見られるようにする。まだまだなじみの薄い競技ではあるが、日本に航空文化が根づくきっかけになるだろうと、室屋は千葉県の幕張でテストイベントをおこなっていた。２０１４年になると、レッドブル・エアレース実行委員会から２０１５年の日本開催の話が挙がった。多くの理解と協力によって、かなり難易度が高いと言われていた開催許可が下りたのだ。

エアレースの開催地となる千葉市は、日本の民間航空発祥の地とも言われ、１９１２年に日本初となる民間飛行場が稲毛海岸に開設された、航空文化に深い理解がある場所でもある。近くには成田空港もあり、世界にアピールするには格好の場所だった。

室屋も初めて日本で開催されるエアレースを盛り上げる起爆剤になればと、Ｖ３の購入を決意した。新型機Ｖ３は、２戦目の千葉で初お披露目となった。

V3は、全6・3m、全幅7・44m、重量は約500kgのカーボン素材とスチールのフレームで構成される機体だ。エンジンは約300馬力、最大許容Gは12G、最高時速は425・97km。

旧型V2をベースにエアレース専用に作られた新型機で、50kgの軽量化に成功した。空気抵抗を受けにくくするために、キャノピーやエンジンカウリングなどを独自の形状に改良している。

室屋：「コントロールしにくく、じゃじゃ馬だと思った。機体の飛行姿勢による速度の変化がV2より大きく、少しの姿勢変化で速度が変わるので難しいなと思った」

ハイスペックな機体が手に入ったからといって、簡単に勝利できるというわけではない。室屋は2戦目までにフライト・トレーニングを何度も繰り返して、本番のレースで戦えるレベルにまで引き上げる必要があった。V2と比べるとあまりにも軽量でスピードが出るため、簡単に10Gに達してしまう。結局フライトに慣れるまでに時間がかかってしまい、寝る間も惜しんで調整をおこなった。

室屋は機体を一新しただけではない。トップに立つために、操縦技術も劇的に変えたのだ。この陰には白石のアドバイスがあった。

白石の恩師である金子明友は、戦後初めて日本が参加した1952年のヘルシンキオリンピックに日本代表選手として出場している。その当時、世界一の体操国はソ連だった。金子たちは、ソ連選手の演技の出来栄えに圧倒されたという。

「このままでは日本の体操はソ連に差をつけられる一方だ」という一心から、ソ連の体操を徹底的に真似た。モデリングである。

技術ばかりでなく、情報収集できる範囲のあらゆる面で徹底的に真似たという。

日本体操男子団体初の金メダルを獲得したのは、それから8年後の1960年のローマオリンピックだった。徹底した情報収集と分析によって、ソ連を王座から追い落とした日本だったが、その先にはさらなる試練が待ちかまえていた。

4年後にアジアで初めて開催される東京オリンピックで、5個の金メダルを獲るというたいへんな期待が日本中から寄せられることになったのである。

初優勝までは、倒すべき相手が、つまり目標となるモデルが確かに存在した。しか

――必殺技「サムライ・スタイル」

し、ひとたび世界の王座についてみると、もはやモデルは存在しない。それなのに地元開催の大きなプレッシャーの中で、5個の金メダルという期待がかけられている。

そんな中で、金子を筆頭に日本男子体操陣が取り組んだのが、世界で誰もやっていない日本独自の必殺技の開発だった。選手、コーチ、研究者の努力が結集して、東京オリンピック前には、数多くの必殺技が完成した。当時、体操競技の技でもっとも難しいレベルはC難度と呼ばれていた。その上を行く日本の必殺技には、「超」という意味のドイツ語「ウルトラ」が冠せられ、「ウルトラC」と命名された。

東京オリンピック本番で、「ウルトラC」を連発した日本は、見事に5個の金メダルを獲得した。

室屋：「白石先生からは『世界で勝ちたければ人がやっていないことをやらなければならない』と話をしてもらいました。日本の男子体操が60年にもわたって、なぜ世界のトップでいられるのかと。そして、その中核となる考え方が『ウルトラC』という世界で誰もやったことがない技術の絶えざる開発であることを知り、エアレース版の『ウルトラC』の研究に時間を費やすようになりましたね」

室屋はレース中の操縦をより安定させるために、セッティングを変える必要性を感じていた。飛行機の操縦は、通常右手で操縦桿を握り左手でアクセルとなるスロットルを握ることになる。

だがエアレースの場合には、レース中にスロットルを全開にして動かさないため、左手が空く。試しに両手で操縦桿を握りながらトレーニングを繰り返していくと、今までにない安定したフライトができるという手応えがあった。

室屋が開発したこの飛行スタイルは「サムライ・スタイル」と呼ばれている。日本人の室屋が、まるで武士が刀を両手で握って立ちまわりをするような動きと切れの良さを見せることから名付けられた。

初戦のアブダビでは旧型V2で戦い、予選3位と好発進をし決勝では6位で終了することができた。このレースで確実な手応えを感じた室屋は、2戦目から待望の新型機V3と共に日本で初のエアレースを迎えることとなる。

――千葉大会に出場して

室屋は選手としてだけではなく大会誘致にも深く関わっていたため、尋常ではないプレッシャーに押しつぶされそうになっていた。

室屋：「やっぱり緊張しましたね。お客さんの数も2日間で延べ12万人とすごかったですし、当然メディアも含めて注目も大きくて、大型のスポーツイベントなみだと思いました。日本で開催ということもあり、わたしへの期待感を強く感じましたし、取材数も多くいわゆるプロスポーツとしての難しさを感じた大会でした」

2015年の千葉大会は初開催ということもあり、レース会場入り直前まで、室屋は自分のフライト以外の多くのことに気を配らざるを得なかった。

室屋はトラックレコードとなるタイムを叩き出すも、最終的にはオーバーGで8位という結果となった。機体の性能が上がった分、スタートスピードが合わなかったり、Gのコントロール感覚がつかめていなかったりと、新型機に適応できていない部分が現れた。

白石：「2015年前半に千葉でつらい経験をして8位となって、それから手応えが出てきて世界一へと近づいていくんですよね。チーム室屋が整っていくと、2015

年の後半に2回も3位となって表彰台に上がっています」

白石の言うとおり、2016年以降には協力者がかなり増えた。役割分担を明確にし、チームとして運営を進められるようになってから、室屋は右肩上がりに調子を上げていく。

20年前は日本人の大多数が知らなかったスカイスポーツ。室屋は、「自由に空を飛びたい」という思いから飛行機に乗り始め、世界トップクラスのパイロットにまで成長を遂げた。

初のエアレース千葉大会は予想以上の盛況となり、NHKでは予選から決勝戦まで全試合が放送された。

室屋はレース後の記者会見で、その日を「人生最良の日」と表現した。

1人のパイロットであり、航空文化に携わる者として、たくさんの人たちに支えられていると改めて実感できたのだ。千葉大会の成功をきっかけに、室屋への期待感は高まるばかりだった。そして、室屋は千葉戦で背負った魂、そして応援の声を糧にして精神力を強靭にしていく。

続く3戦（クロアチア）、４戦（ハンガリー）では予選で2位となる好調さを維持するも、ラウンドオブ14で強敵と対戦するという運の悪さもあり敗退してしまう。ところが、５戦（イギリス）、７戦（テキサス）、８戦目（ラスベガス）ではファイナル４へと進出することができ、表彰台を2度も経験することができたのだ。

これまで室屋が唯一表彰台に立つことができたのが２０１４年に3位となったクロアチア大会のみであったことを考えると、すでにトップパイロットの一員となったことを証明したと言える。

機体、飛行技術レベル、チーム体制全てが高い次元になり、安定したフライトができるようになった室屋。優勝する日はそう遠くはない。２０１６年シーズンへの期待感が強まっていった。

メンタルトレーニング

アファメーション

ライフル射撃競技のラニー・バッシャムは、アファメーションをスポーツ分野に応用して、モントリオールオリンピックで金メダルを獲得した。

この方法について1988年に直接バッシャムから聞いた白石は、「自信」という重要なメンタルスキルを強化するツールとして利用できることを実感し、以後、室屋をはじめ、数多くの選手の指導に応用して成果を挙げつづけている。

アファメーションでは具体的に何をするのかを絞らなければ効果はない。いざ書き出してみるとページ数が増えてしまうので、その日に書くことを1個に絞る必要がある。あれもこれもと考えて、全てをこなそうとすると身がもたないので注意が必要だ。

アファメーションの方法

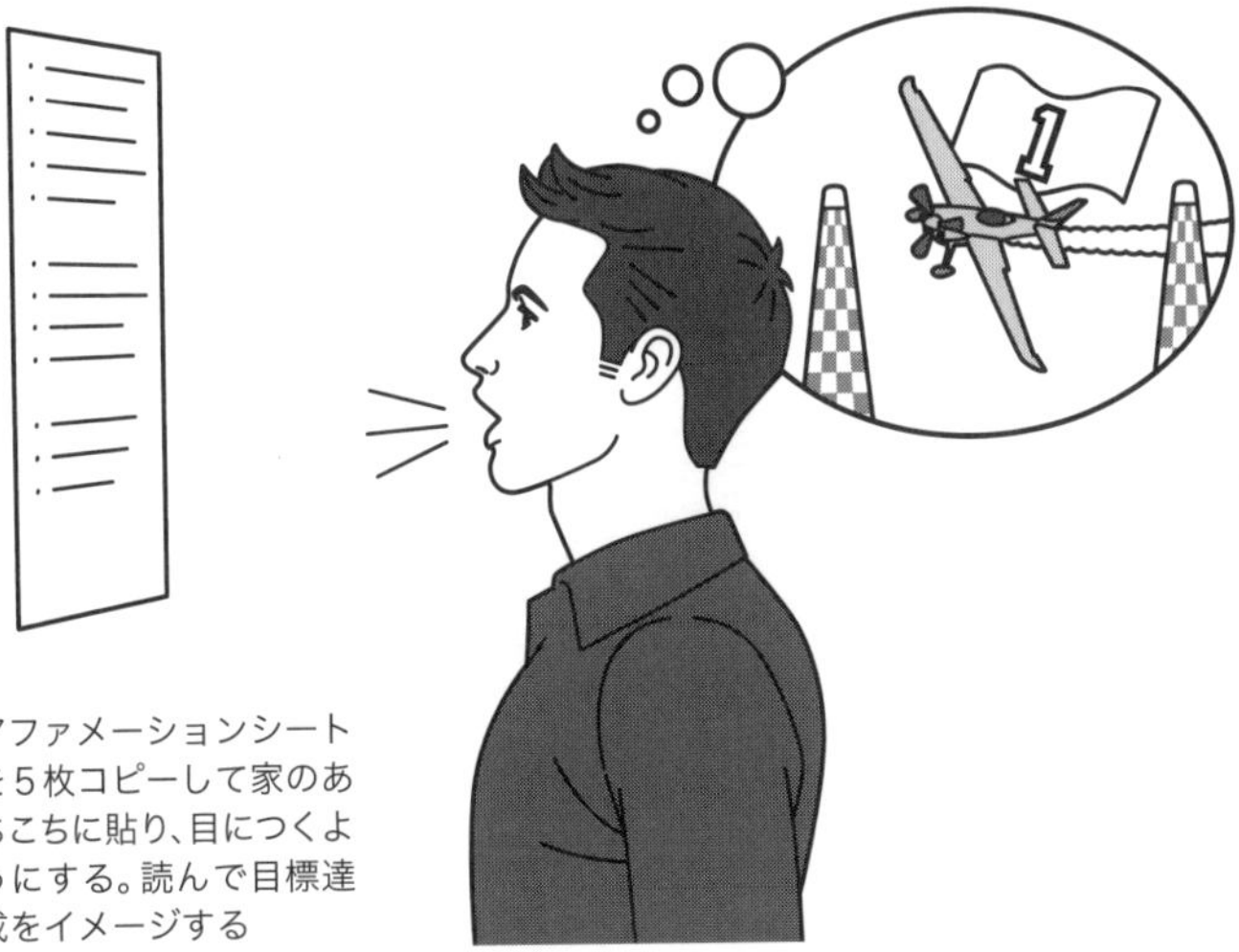

アファメーションシートを5枚コピーして家のあちこちに貼り、目につくようにする。読んで目標達成をイメージする

アファメーションシートに書く内容

1. いつ、どこで何をするかという目標と結果

2. 目標達成の価値あるいは目的

3. 目標達成のための具体的な方法

メンタルトレーニング

デイリー・メンタルトレーニング

極度の緊張や不安があるために思うような結果に結びつかなかったという経験が誰にでもあるはずだ。だが、普段から適切なメンタルトレーニングをおこなっていれば、いざというときに能力を最大限に発揮することが可能となる。

人生の分岐点ともいえる入学試験、入社試験、昇進試験や試合で効果をもたらすのがデイリー・メンタルトレーニングとなる。

毎日1回以上おこなってほしいデイリー・メンタルトレーニングは、3つのステージ①リラックス②集中③イメージリハーサルから構成されている。所要時間は約10分。時計や眼鏡など体を締め付けるものを外して目を閉じておこなう。

トレーニングを習慣づけることができれば、大事な試験や試合の本番で普段と同じ精神状態で実力を発揮することができる。

①リラックス

雑念を取り払い、心身ともに深くリラックスした状態をつくる。心の中でマイナスイメージを吐き出すことによって、ポジティブな気持で集中するための準備となる。

(1) インスタント・リラクゼーション・テクニック

次の順で体の各部分に力を入れていき、額の筋肉を使って顔をくしゃくしゃにして全身を硬直させたのちに全身の力を一気に抜く。

インスタント・リラクゼーション・テクニック

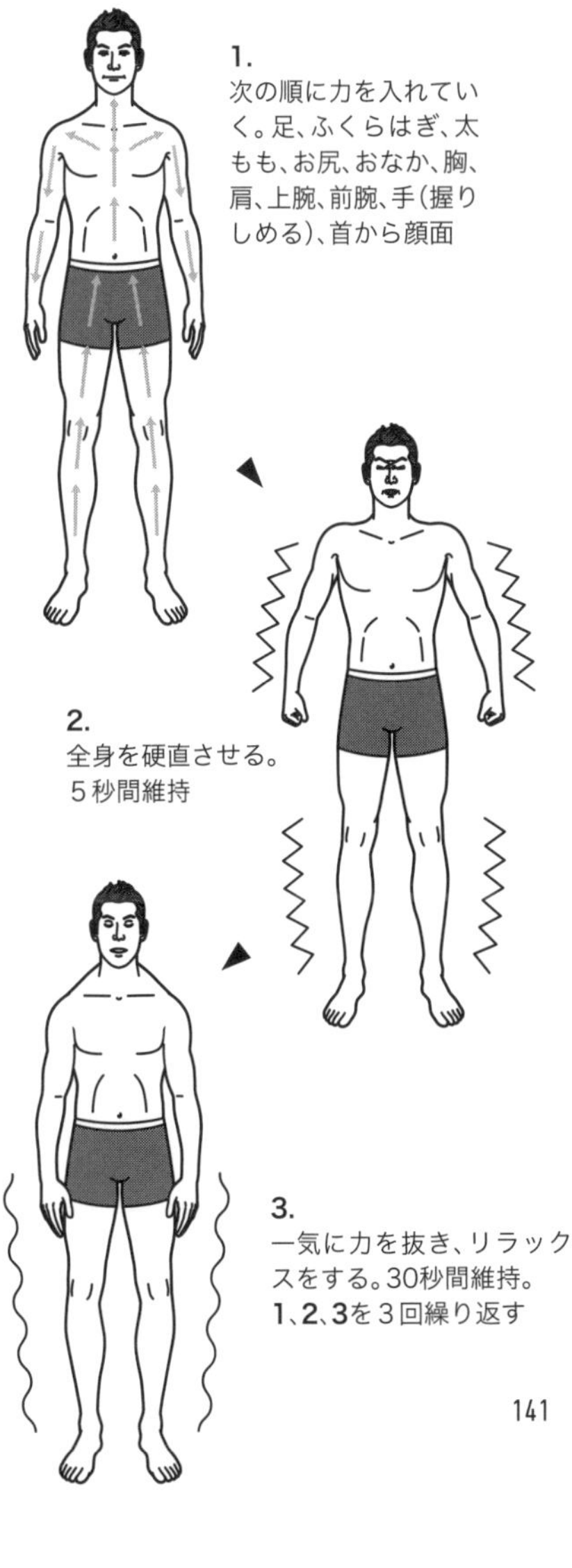
1.
次の順に力を入れていく。足、ふくらはぎ、太もも、お尻、おなか、胸、肩、上腕、前腕、手(握りしめる)、首から顔面
2.
全身を硬直させる。5秒間維持
3.
一気に力を抜き、リラックスをする。30秒間維持。1、2、3を3回繰り返す

（2）鎮静呼吸法

目を閉じたままゆっくり息を吸い、さらにゆっくり息を吐く。息を吐く、吸うを1対2の割合で行う。安静時で1分間に15〜17回呼吸しているが、これを1分間に4回とすることで呼吸を落ち着かせ、リラックスを得ることができる。

1　5秒間かけて息を吸い、おなかをふくらませる。

2　10秒間かけて息を吐き、おなかをへこませる。

（3）鎮静呼吸に言葉とイメージをのせる

鎮静呼吸法を続け、息を吸うと同時に体中にポジティブなイメージを充満させ、吐くと同時にネガティブなイメージを全て吐き出すイメージでおこなう。

1　鎮静呼吸法をおこないながら、呼吸時に次の言葉とイメージをのせる。

2　吸う息にあわせて「太陽の暖かいエネルギーが全身に満ち渡った」

3　吐く息にあわせて「体の疲れや硬さ、心の不安やイライラが全て出ていく」

鎮静呼吸法

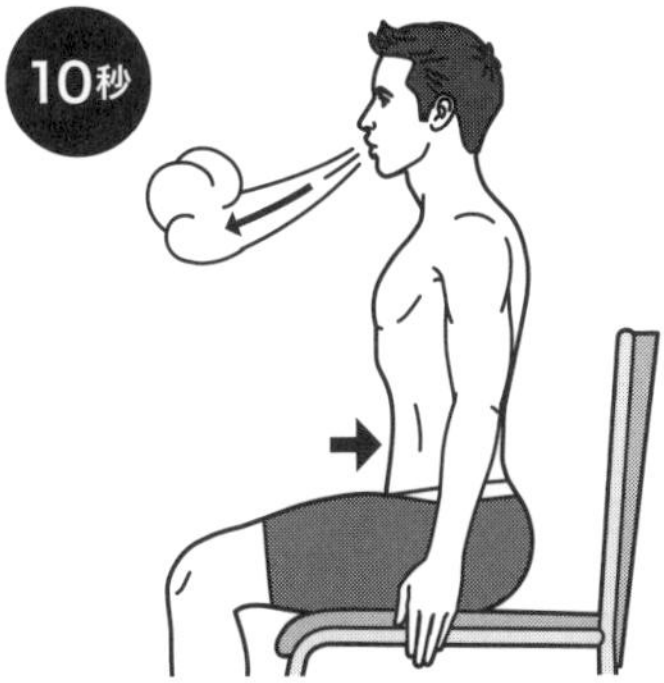

2.
10秒かけて息を口から吐きながら、おなかをへこませる

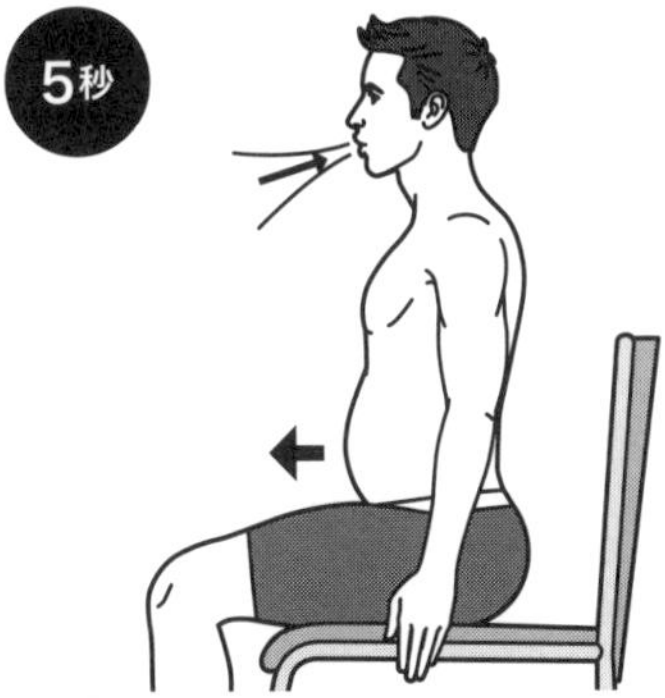

1.
5秒かけて口から息を吸いながら、おなかをふくらませる

鎮静呼吸に言葉とイメージをのせる

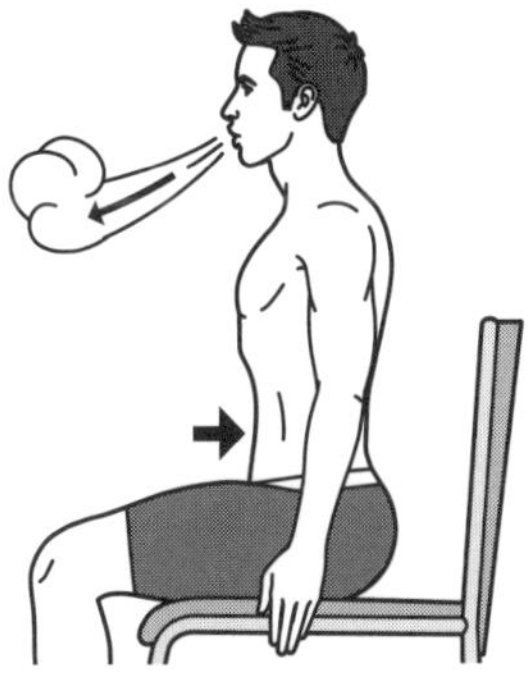

2.
吐く息にあわせて「体の疲れや硬さ、心の不安やイライラが全て出ていく」とイメージする

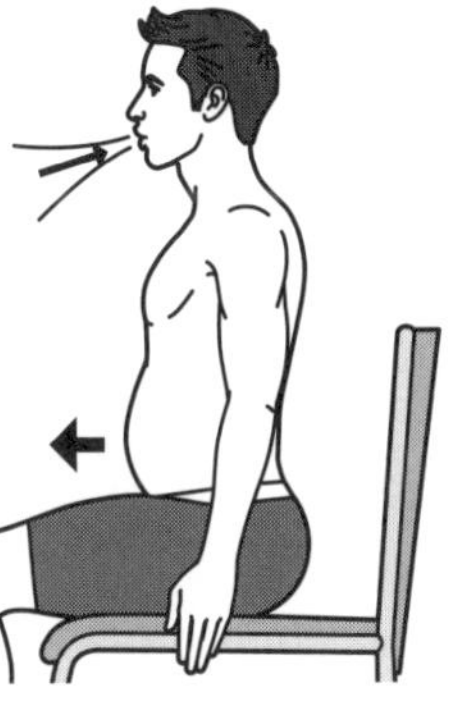

1.
吸う息にあわせて「太陽の温かいエネルギーが全身に満ち渡った」とイメージする

②集中（センタリング）

鎮静呼吸法で完全にリラックスした状態になったあとで、意識を集中させる。体の指定箇所に意識を置いて、気力が高まる丹田での集中を経て、最後はイメージ化に関わる眉間に意識を集中させる。

集中

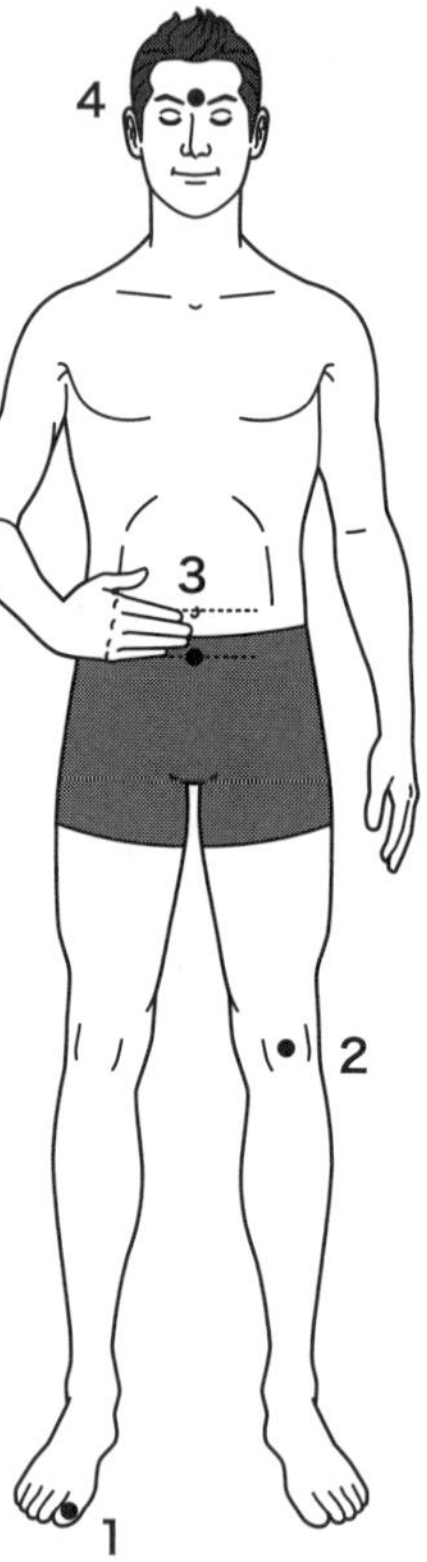

1. 右足の親指の付け根に意識を集中（10秒間）
2. 左足の膝頭に意識を集中（10秒間）
3. おへその下から手のひら1つ分下にある丹田に意識を集中し、落ち着きを実感する（30秒間）
4. 眉間に意識を集中（10秒以上）

③イメージリハーサル

落ち着いて集中した状態でイメージの中でリハーサルをおこなう。

うまくやれているイメージを描き、「大丈夫、絶対うまくいく」といったポジティブな言葉を自分にかけることで、集中と自信をもって試験や試合に意欲的に取り組むことができるようになる。

イメージリハーサル

1.
勉強、試験、練習、試合など今日あることや、やるべきことを想い描く
2.
1がうまくできているところをイメージする
3.
最後に「大丈夫、絶対うまくいく」と自分に言い聞かせる

以上の3つのステージからなるトレーニングを毎日おこなっていけば、普段に近い落ち着いた精神状態で試験や試合に臨むことができるようになる。

すぐに効果が出るようなものではないが、徐々に変わっていく自分に気づくことができるはずだ。

第4章

集中力を保つ

2016年シーズン開幕時の目標

室屋はレッドブル・エアレース（以下、エアレース）2014年シーズンで初めて表彰台入りを果たした。2015年の後半に3位が2回と確実に実績を出すと、シーズン終了後に「年間総合優勝」という目標を「1年前倒しにして進める」と公言した。そこで更なる操縦技術のレベルアップのために、主翼に超大型ウイングレット導入を決め、同時に必殺技となる「ウルトラC」を開発して、開幕戦のアブダビに向けて準備をしていた。

しかし、年が明けた1月、エアレース競技運営側の判断で理由が不明確なまま、突然ウイングレットの使用が取り消されてしまったのだ。1年前から準備してきたウイングレットを使えなくなったことは、チーム室屋にとって大打撃となった。そこで2016年シーズンは年間総合優勝をあきらめ、目標を年間総合3位以内（表彰台入り）に再設定してシーズンに挑んだ。

白石：「室屋くんは2017年に世界一になりたいと言っていましたが、2015年からすごく手応えが出てきていました。『2016年はどこかのレースで優勝を狙っていきます』という彼の発言を聞いて驚きました」

初めて白石の元を訪れたころの室屋は、レースの1週間以上前から緊張にさいなまれて、大きく疲弊していた。レース本番でもフライト順を気にし、強いパイロットとの対戦が決まると自らのくじ運の悪さを嘆いていた。

ところが、技術的にもメンタル的にも世界トップを射程距離に収められる位置にまで成長した今では、そうしたことをまったく口にしなくなっていた。緊張という課題はすでに克服されつつあり、いかに試合本番で集中して力を発揮できるかが室屋のテーマになっていた。

――開幕戦アブダビ（UAE）

エアレース2016年、アブダビでの開幕戦は、混沌を極めていた。レースに万全の態勢で臨もうとした直前に、エアレース競技運営側からルール改正が発表され、Gを計測するセンサー機器が変更となってしまったのだ。これによって、従来のフライトをすればオーバーGとなってしまう危険性が増大し、全パイロットが短時間でオーバーG対策のトレーニングをおこなわなければならないという事態となった。

急遽、自身のフライトスタイルの変更を余儀なくされた室屋だったが、冷静になって状況の変化に無難に応じることができていた。しかしラウンドオブ8の1ラップ目のゲート3で悪夢のオーバーGを記録してしまい、敗退となってしまった。前年、千葉戦でオーバーGとなって以降対策を進めてきたが、限界まで突き詰めて攻めつづけるスタイルが仇となる結果だった。

——第2戦シュピールベルク（オーストリア）

シュピールベルクは天候が変わりやすく、室屋は過去に満足いくフライトができずに敗退した経験から苦手意識をもっていた。そこで、今回から機体に空気抵抗を抑えるために小型のウイングチップを取り付けると、フライトがスムーズになった。フリープラクティスではスモークが出ないというアクシデントに見舞われるものの、全体で2位と好調なすべり出しとなった。

だが、予選と決勝では冷たい雨や雪が降るという悪天候の中でレースに挑むことになった。修理をおこなったはずのスモークも、予選のレースでふたたび故障し、1秒のペナルティを受けて10位となった。決勝ラウンドオブ14では強敵と対戦してギリギリの攻防となったが、開幕戦に続いてまたしてもオーバーGによる失格で敗退した。

初戦、第2戦とまさかのオーバーGで悔しい敗退となってしまったが、機体のセットアップ自体は順調であり、フライトもかなり納得がいくラインで飛行ができていた。気温の急激な変化に対応しきれずにオーバーGとなったが、課題となるG対策は見えてきた。これさえうまくクリアできれば、上位に食いこめるという見とおしが立ったのだ。

――初めてのゾーン体験

白石：「千葉戦の前は、室屋くんと結構話をしています。電話がかかってきて『先生もうここまで来ました』という話になりましたね」

白石には、大事な一戦を迎えるアスリートから相談を受けたときに必ずする話がある。

勝負とは勝ったり負けたりするもの。勝ち負けと書くから勝負というのであって勝と書くことはできない。試合で対戦相手と勝ちと負けを決することは避けて通れない。勝つことがあれば負けることもある。しかし、アスリートは一生懸命練習を積み重ねて人生を懸けて戦っているのである。ほんとうは勝勝と書きたい。

しかし、勝負の行方や結果はあくまでも、試合をやったあとに出るものである。試合をやる以前や試合中に結果を気にしている選手は試合に集中できていないため、良いメンタルで臨めない。白石は、バスケットボールの萩原美樹子には「勝負の行方は神様に預けよう」という言葉を贈った。また、水泳の春名美佳には、カール・ルイスがロサンゼルス・オリンピックの走り幅跳び決勝で跳ぶ前に、「最後にベストを尽くしますので、神様どうか見ていてください」と祈ったという話をした。

そして、室屋には次のように語っている。

「今まで努力してきたことは変わらないのだから、明日は飛ぶだけだよ。幕張の空にエアレースの神様がいるぞ。神様にほほえんでもらうためには、勝つとか負けるとかそんな余計なことは考えず、結果を預けて思いっきり飛べばいい」

勝負の行方は神頼みならぬ、神預け。白石は室屋に限らずさまざまなアスリートに

「絶対に結果を背負うなよ」と説く。じつはこれは、ヨーガ哲学の「結果に対する平等感」という教えに由来している。

室屋：「白石先生と電話をした翌日、偶然にもメディアの取材が神社であったのです。ご祈祷までして頂き、アドバイスと現実がシンクロしたと感じました。『結果はここにお預けしよう』と考えることで、ずいぶんプレッシャーを軽減できました。選手はヒートアップするものだし、どうしても結果に固執しがちです。でも、準備の仕方によって、結果は決まってしまうもの。自分としては100％の力を発揮するだけであって、『実際にいちばん努力して準備していれば必ず1番になれるはずだ』と信じて試合に臨めました」

さまざまなアスリートがいるので、当然表現は変わる。しかし「勝負のときに、自分の背中に重たいものを背負うなよ。目の前の一瞬一瞬に全力を尽くそう。結果は神様に預けよう」と、白石は試合直前にどの選手にも言いつづけている。

白石：「色々なところで言ってきました。これは『お願い神様、どうかわたしを勝たせて』という エゴ丸出しの神頼みとはまったく異なる境地だと思います。誰だって自分で背負っているものを預けることができれば、ラクになりますからね」

千葉で開催されたエアレース第3戦、室屋は台風の影響により千葉入りできず、予選4日前まで福島でチーム体制を整えていた。

レース本番もあいにくの強風。予選は中止となり、決勝のラウンドオブ14からの開始となった。室屋は冷静に操縦をして問題ないフライトでゴールへ突き進んだが、思わぬアクシデントに見舞われる。2戦連続で機体からスモークが出ず、1秒のペナルティを受けてしまったのだ。

突然のピンチに不安を感じる幕開けとなったが、対戦相手のピート・マクロードがオーバーGで失格となり、室屋は勝利を収めてラウンドオブ8へと進んだ。

チーム室屋はレース機が待機するハンガーに戻るとすぐ、スモークが発生するように急ピッチで修理をした。

ラウンドオブ8の対戦相手のマティアス・ドルダラーもオーバーGで失格となったことで、室屋は千葉大会で初めてとなるファイナル4への進出を決めた。

室屋の2ラウンド連続での勝利に、千葉会場に押し寄せた6万人もの大観衆はヒートアップした。室屋がラウンドオブ8の中で唯一1分4秒台を記録していたこともあり、日本人初の優勝者が日本の大会で誕生するのではないかという期待感が一気に高まっていた。室屋にとっては、平静を保つことが難しくなった。

その過熱ぶりを「応援と取るのもプレッシャーと取るのも自分しだい」だと室屋は自分に言い聞かせながら、何度もインタビューに対応した。そしてコックピット内では、呼吸法とイメージリハーサルで集中力を高めた。

ラストフライトとなるファイナル4では、ナイジェル・ラムが1分5秒734という安定感ある飛行でフィニッシュした。続いて飛んだ室屋は、抜群の操縦とスピードでふたたび1分4秒台をマークしてトップに躍り出た。これで3位以上が確定した。3番目のカービー・チャンブリスは1分5秒618と、室屋には及ばなかった。最後に飛んだマルティン・ソンカは、スタートから猛烈なスピードで飛んだ。しかし、後半わずかに失速して結果は1分5秒097と、室屋のタイムを追い越すことはできなかった。

こうして室屋にとって初めての優勝が決まった。日本人として、アジア人として世界最高峰となる極限のエアレースで実現した歴史的快挙に、大観衆が一体となって会場のボルテージは最高潮に達した。2016年の千葉大会は、まさに室屋のレースとなった。

25年間何度も挫折を味わいながらも、あきらめずに飛びつづけてきた1人のパイロットは、目頭を熱くさせながらシャンパンファイトで喜びを爆発させた。

失速

シーズン3戦目にしてつかみ取った初優勝。年間総合3位に入ることを目標に掲げた室屋にとって、今までのことが全て報われた大きな結果だった。序盤を最高の形で終えた室屋は、その勢いのまま第4戦の地ブダペスト（ハンガリー）へ飛んだ。

すでに世界トップクラスのレベルにまで到達していることを証明した室屋だが、意外な落とし穴にはまってしまう。

室屋：「千葉で優勝できて、今までやってきたことが報われたと思えました。その後の猛烈なメディア出演やあまたの祝福の波にのまれて、行き先がぼやけてきて、自分はこの先どこまで行けるのだろうと思っていたら、ちょっと失速してしまったんですよね」

千葉戦の悪天候に続いてブダペストでもコンディションは整わず、予選は中止となり、翌日は決勝ラウンドオブ14から開始された。

室屋は飛行前に、不運にもスモークがコックピットに入ってしまうという事態に見舞われてしまう。スモークが充満して視界が遮られるというハンデを背負いながらのレースとなり、初戦であっけなく敗退となってしまった。だが、敗者7名の中ではいちばん速いタイムであったため、かろうじてラウンドオブ8へ進むことができた。

雲行きが怪しくなっていく不順な天候の中で次のフライトに臨むと、機体の角度を水平に保つことができないままエアゲート（2本のパイロン）を通過してしまったのだ。ここで2秒のペナルティが課せられて敗退した。

続く第5戦のアスコット（イギリス）は難しいとされるコーストラックではあるが、室屋は昨年3位を記録しており、苦手意識は薄かった。予選で全体3位につけると、決勝のラウンドオブ14では相手に約2秒も差をつけて圧勝した。

ところが、ラウンドオブ8では、気流の流れをうまく読むことができずにパイロンにヒットして3秒ものペナルティを受けてしまい、敗退して8位で終了した。

チームが確実に強くなる中で戦略の甘さを痛感することとなり、いかにして確実な勝利を収めるかが課題となるレースとなった。さらなるチーム体制の強化を求め、残る3戦で年間総合3位以内に入るべく第6戦のラウジッツ（ドイツ）に照準を合わせることとなった。

室屋：「応援してくれる方、助けがないと長いあいだ苦しいことを続けるのは難しいですね。時々、一瞬、もういいし、疲れたなと思うこともありましたから」

白石からメンタルトレーニングを学びつづけた室屋は、自分を見つめる機会を増やしていった。そこで過去の自分の得意なことや強みを発見し、現在から未来に向けてどう生かしていくのかを時間をかけて考えるようにもなった。

メンタル面でも大きな変化があった。これまではスポンサーや応援してくれる方への義務感ばかりに満たされていた。つねに自分は何が期待されていて、何をしなければならないのかと考えてばかりであった。だが、そのような感覚は徐々に薄れていき、競技を愉しむということをおぼえていった。

だからこそ、千葉大会以降、あと一歩のところで結果を出せないことが悔しかった。集中力という課題が浮き彫りとなり、コックピット内では力が入りすぎてしまった。それが如実に現れたのが、第6戦のラウジッツだった。

室屋は予選1本目で好タイムを出すと、2本目にはトップをめざし超攻撃的なフライトで挑んだ。しかしそれが裏目に出て、オーバーGで失格となってしまった。なんとか予選では3位となり、決勝のラウンドオブ14へ進出した。

翌日の決勝は雨によりレース開始時間が遅れてスタートした。室屋は予選のミスを意識して、先行の相手選手のタイムを把握しながら、オーバーGにならないよう冷静なレース運びを心がけた。しかし、ふたたび予想外のオーバーGで失格による敗退となってしまったのだ。

最善を尽くしていたが、さらなる課題を突き付けられる残念な結果となってしまった。油断をしていたわけでもないが、相手を見てレースをしたことで自分のフライトができなかったのかもしれない。今回のレース結果を分析し、同じような事態に陥らないようにチームを再度立て直し、2回目の優勝を果たすための模索が続いた。

機体の性能が上がっていながらも成績を残せない悔しさがあった。しかし、焦れば焦るほど結果は悪くなる。室屋は再度原点に戻ることを決意して、心・技・体を見直すことにした。

【心】白石のCD版メンタルトレーニング講座（20時間）を再度聞く。
【技】インナーゲーム、バウンス・ヒット法をヒントにした声出しのトライアルを思いつき、実行する。
【体】断食による体調調整などを新たに取り入れる。（断食詳細は非公開）

これらを終えて、インディアナポリスに向かった。

——第7戦インディアナポリス（アメリカ）

これまでF1、NASCAR、インディ500などのモータースポーツの聖地として君臨してきたアメリカ・インディアナポリスのモータースピードウェイで、初めてエアレースが開催された。

予選では、多くのパイロットがライン取りに慣れることができず、ペナルティが続出するという荒れたレース展開となった。そのような状況でも室屋は最速タイム（1分2秒073）を叩き出して見事1位で決勝に駒を進めた。

決勝ラウンドオブ14では積極的なフライトをすると、ゲート10での水平角度違反とゲート5通過時の高度超過で合計4秒のペナルティを受けて敗退となった。だが室屋は敗者7名の中で最速だったため、からくも8位でラウンドオブ8への進出を決めた。次の対戦相手は、年間総合ランキング1位にいるマティアス・ドルダラーとなった。

先行で飛んだ室屋は、1分3秒730を記録し半ば勝利を確信したが、ドルダラーが1分2秒827という脅威的なタイムを出してしまい、室屋はファイナル4へ進むことができなかった。

最終戦となるラスベガス大会は、強風が吹き荒れるため予選が中止となった。決勝のラウンドオブ14がどうにか開始されたが、吹き荒れる風の勢いが増してパイロンまでもが吹き飛ばされてしまい、やむを得ずレース自体が中止となってしまった。

これにより、室屋の2016年シーズンは終了した。年間総合ランキングは6位。目標としていた3位には届かなかった。

シーズン全体をふりかえると、千葉大会で初優勝を飾ったことで勢いがついたものの、オーバーGでの失格やペナルティによる敗退が相次いだ。シーズン開幕前には年間総合優勝を前倒しにするほどの自信をもって挑んだが、結果を出そうと意気ごむあまり空まわりしてしまった。技術面とメンタル面で課題が残るシーズンだったと言える。

メンタル
トレーニング

メンタルスキルを自己評価する

室屋が試みた「心・技・体の見直し」という作業のなかで、もっとも難しいのは「心」だろう。メンタルを含む精神的な事柄は、数字や映像では測り難いからだ。試合のグラウンドは、練習場とは違う。言うまでもなく、大勢の観客や応援団、歓声や拍手といった、プレッシャーの要因がたくさんある。その中で、練習の成果を十分に発揮できるようにするためには、強い精神力が必要となる。

仕事においても、プレゼンテーションやスピーチ、試験、面接といった、重要な機会はたびたび訪れる。重要な機会に臨むために必要なのは知識であり、努力であり、健康な体かもしれない。しかし、「やる気」「自信」「集中力」「冷静さ」といったメンタルスキルを欠いてしまえば、せっかくの機会にも実力は発揮できない。これらのメンタルスキルは、ビジネスマンにとっても重要だ。

しかし、メンタルトレーニングの成果を確認することは難しい。そのため、かつて「精神力＝根性」とされていた時代には、苦しい練習に耐え続けることがもっともよい心の鍛え方だ、という考え方がまかり通っていた。しかし、メンタルトレーニングの研究が進んだ現在では、手あたり次第思いついたトレーニングを行うことはない。体力トレーニングでは筋力や持久力、柔軟性などの要素に分けて測定・評価し、結果に応じたトレーニングプログラムを考える。

メンタルトレーニングも体力トレーニングと同様である。メンタルをメンタルスキルという要素の集合として捉えて評価し、それぞれのメンタルスキルごとに適切なトレーニング方法を検討する。自分に何のメンタルスキルが足りていないのかを認識することこそ、適切なトレーニングのスタートとなる。

まずは次の8項目のメンタルスキルについて、それぞれ10点満点で自己評価しよう。今日、あるいは今週について考え、その点数をつけた理由も併記するとよい。

(1) 意欲

今日のやる気について考える。朝起きて、その日の仕事のことを思い浮かべたとき、ワクワクするようなら10点。憂鬱になるようなら1点。

（2）自信

今日の自信について考える。自分の行動に対して自信にあふれていれば10点。まったく自信が持てないようなら1点。

（3）感情のコントロール

自分の感情がコントロールできているかを考える。何があっても冷静沈着に対処できるなら10点。些細なことでもいら立つようなら1点。

（4）イメージ想起

状況をイメージできるかどうかを考える。プレゼンや検定試験などの場面を具体的にイメージできるなら10点。目を閉じてイメージしようとしても、何も浮かばないようなら1点。

（5）集中力

集中できているかどうかを考える。何かをするとき、常に没頭し、集中しておこなうことができているなら10点。さまざまなことに気をとられ、肝心のことが進まない、もしくはケアレスミスが多いなら1点。

(6) リラクゼーション

リラックス状態をつくり出せるかどうかを考える。どんなにプレッシャーのかかる状況でも、意識して心身をリラックスできるなら10点。すぐに緊張して硬くなってしまうようなら1点。

(7) コミュニケーションスキル

話し方・声・姿勢などを用いて、自分の考えを相手に伝えられているかどうかを考える。伝えたことに応じて相手が動いてくれるなら10点。何を言っても反応がないなら1点。

(8) セルフコミュニケーションスキル

自己との対話について考える。非常に苦しい時期に自分を称賛し、鼓舞できる人は10点。常に自分を否定し、責めてしまう人は1点。

メンタルスキルの自己評価によって、自分の持つメンタルスキルの強い部分、弱い部分が見えてきただろう。

もし、分かりにくいと感じた場合は円を使って視覚化すると良い。円を8等分し、1つの扇形に1つのメンタルスキルをあてはめる。円の中心は0点、円周は10点だ。それぞれのメンタルスキルにつけた点数に応じて扇形を塗りつぶしていこう。

おそらく、凸凹とした図形ができる。あとは、メンタルスキルのすべてが10点になり、図がきれいな正円となるようメンタルスキルをトレーニングしていくだけだ。

それぞれのメンタルスキルを強化する方法については、本書の中でもいくつか紹介している。さらに詳しく知りたい方は、白石の著書である『本番に強くなる』（筑摩書房）や『実践メンタル強化法〜ゾーンへの招待〜』（大修館書店）などをお読みいただきたい。

メンタルトレーニング

ゾーン

普段の練習や試合で、あきらめ、怒り、恐れの状態にあると、エネルギーが良い方向へと進まず、力を発揮することができない。試合で勝利するためには、挑戦心に溢れた状態である必要がある。

どのような状況にあろうとも、強い自信に溢れ、表情にはプレッシャーを楽しむことができる余裕があり、積極的で高いエネルギー状態にある。

グラハムは、このように実力が十分に発揮できる理想的な心の様態を「ゾーン」と呼んでいる。この状態に入りこむと、あらゆることが無意識の中で最大限となる実力を発揮してうまく進み、我に返ったときには、勝利を手にしていたというケースが非常に多くある。

彼は著書の中で「この状態に入ると、あらゆることが夢見心地で静かに経過し、まるで睡眠にかかったような感じになり、そのくせ心も体も完全にコントロールされているのである」と述べている（『ゴルフのメンタルトレーニング』）。

アスリートが、ゾーン状態を手に入れるためにはテクニックを身につける必要がある。そこで、ゾーンに入るために白石がアスリートに処方した実例を追っていこう。

――メンタルトレーニング

事例　萩原美樹子選手（バスケットボール選手）

オリンピックアジア予選前、萩原美樹子は、日本リーグで2年連続で得点王となり日本女子の中心選手として活躍が期待されていながら、肝心な試合で結果を残せず周囲の期待に応える自信がないと、白石の元を訪れてきた。

萩原の目標から、どのような自分でありたいかを確認してみた。すると、「精神的にタフで、自分のプレイにどんなときでも自信をもてるプレーヤーになりたい」と答えた。

処方箋1

萩原が理想としていたブラジルの選手のスーパープレイを集めた映像を作り、1ヵ月間毎日見せた。

処方箋2

萩原が従来書いていた練習日誌に、プレイ中の心の動きに関して、とくに細かく書くように指示をした。技術的なポイントや体調ばかりでなく、精神状態の良し悪しについて具体的にすることで、自分の状態を把握できるようになり、冷静にプレイできるようになった。

処方箋3

厳しい試合展開になっても自信をもって戦ってもらうために、セルフイメージが改善されるようにアファメーションシート（自己指示の確認書）を作成した。オリンピック出場が決定するまでの数ヵ月間に、自分が日本エースとなり自信をもって積極的にプレイをし、どのようにして対戦チームを撃破していくのかなどを、「目標」「目標が達成されたときの価値」「達成のための具体的方法論」の3項目について具体的に書いてもらった。毎日このアファメーションシートを目にして読んで、自分がうまくプレイしているイメージを習慣化していくのだ。アファメーションシートを毎日30回以上も読みつづけた結果、萩原は前向きに進めるようになった。

処方箋4

白石は萩原から、自信は徐々についてきたもののチームの状態が今一つで、ちょっとしたことで不安や焦りを感じるという相談を受けた。

不安や焦りが生まれるのは、目標とする状態に遠く、結果が出そうにないと思い、どうにか自分の力で改善させようと背負ってしまうからである。そうなれば良い精神状態でプレイすることはできないし、望む結果にもならない。

自分が自分がという重荷を背負った考え方を捨てて、「感謝」と「生かされている感覚」に気づくことができれば、リラックスした状態で自分の能力を発揮しやすくなる。

そこで、これまでの半生をふりかえるために、簡易内観をおこなってもらった。すると、小学生時代の家族と学校の思い出のシーンが一気に噴き出してきて、いつのまにか涙が溢れていたという。それから高校までの記憶もよみがえった。萩原は家族、友人、恩師などからたくさんの愛情を受けて育てられてきたことに気づき、感謝の気持ちでいっぱいになった。

精神的にもラクになった萩原はアジア予選で大車輪の活躍を見せて、日本を20年ぶりとなるオリンピック出場へと導いた。萩原は、この時、「我」や「欲望」を忘れ、「心」

「技」「体」の全てが調った無我の境地にたどりつき、持てる能力をフルに発揮することができた。まさに肝心なところでゾーン状態でプレーできたのだ。

――インナーゲーム

萩原の例からわかるように、「我」つまり「エゴ（自我）」が不安や焦りを生み、精神の集中を邪魔しているケースは多い。

「人間の心にはセルフ1（自我）とセルフ2（自己）が存在し、セルフ2の働きが主導的となれば、運動技術の修得や修正に理想的な状態になる」

そう提唱したのが、ハーバード大学で心理学と東洋思想を学びながら、テニスのレッスン・プロをしていたティモシー・ガルウェイだ。

彼の理論では、基本的にセルフ1はセルフ2の働きを阻害すると考える。例えば「勝ちたい」「打ちたい」といった気持ちはセルフ1の働きである。こうした状態では、プレイに集中することはできない。同じように、フットワーク、テイクバック、スイング、フォロースルーまでの一連のテニスの動き、一つひとつを意識するほど、プレイがスムーズに行えなくなると結論づけている。

人間には、5つの感覚（視覚、聴覚、嗅覚、味覚、触覚）がある。

この五感を司る器官それぞれが、独自に情報をつかみ取ることにより行動を促すが、活発に働けばその分、意識は分散されて集中力を欠く状態に陥り、動きが硬くなって失敗してしまう。

逆に、1つの感覚のみに意識を向けることができれば、内部へと入ってくる情報量が減少して精神集中（無我）の状態へと入ることができる——そう考えたガルウェイが提唱したのが、精神集中を利用したスポーツ自然上達法「バウンス・ヒット法」である。

これは、自らへ向かってくるテニスボールがバウンドした瞬間に「バウンス」、ラケットでボールを打つインパクトの瞬間に「ヒット」と、声を出すことだけに集中するというものだ。

「バウンド」と「ヒット」の瞬間だけに意識を向けることで集中力が高まり、驚くほど簡単に、体はそのプレイにふさわしい動きをとることができる。

ガルウェイは自著『インナーゲーム』（日刊スポーツ出版社・1976年）で、そう提唱した。この指導法について彼は、「禅テニス」もしくは「ヨーガテニス」と、東洋思想の影響を強く印象付ける名前で呼んでいる。

バウンス・ヒット法

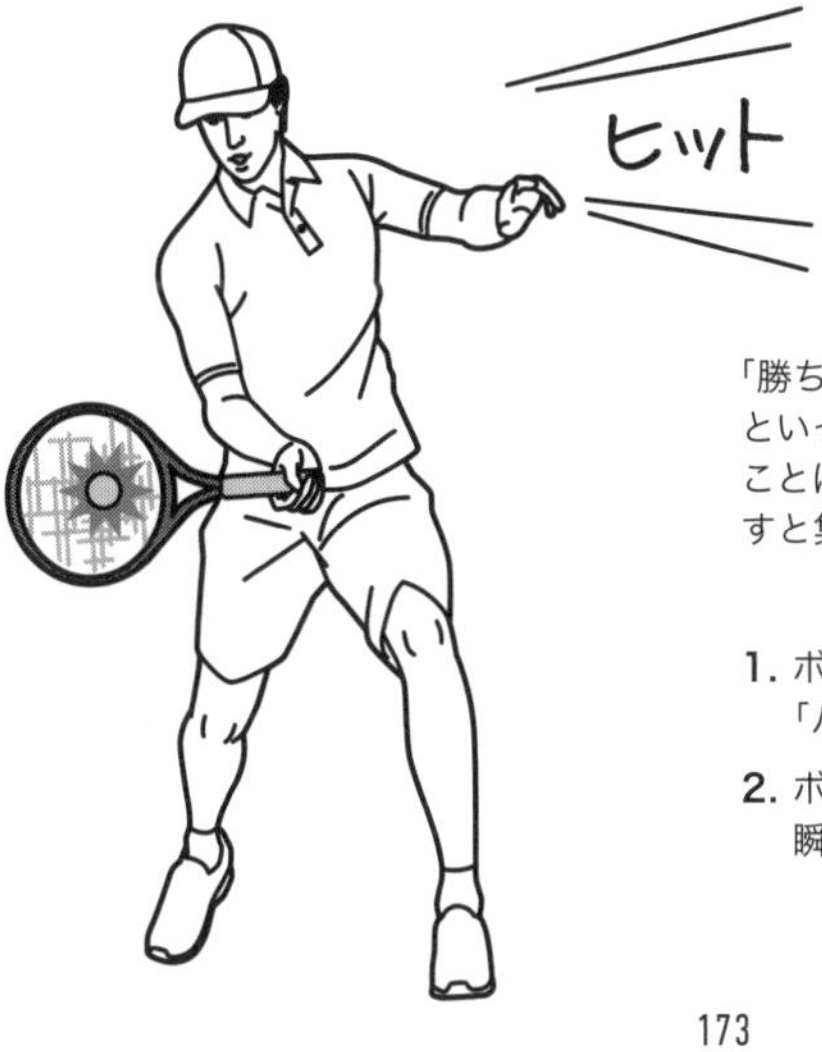

「勝ちたい」「打ちたい」「記録を出したい」といったエゴが邪魔をするとき、技術的なことは忘れて、“その瞬間”に大きな声を出すと集中力が発揮できる

1. ボールがバウンドしたら
「バウンス」と声に出す
2. ボールがラケットに当たる
瞬間に「ヒット」と声に出す

出版当時に同書を読んだ白石は、ユニークな指導法だとは思いながらも「こんなシンプルな方法でうまくいくなら苦労はない」と、実は批判的にみていたという。

しかしその後、仏教やヨーガ、インド哲学について深く学び、実践するようになってから、ガルウェイの『インナーゲーム』が内包する、優れた人間観に気づいた。

人間には全てのことができる能力が本来備わっている。つまり、能力はあれこれ教えこむのではなく、本来持っている能力の発露を邪魔しているエゴを取り去り、引き出すことこそが指導者がやるべきことであると、ガルウェイは同書で伝えていたのだ。

それに気づいたのは、白石が『インナーゲーム』を読んでから、実に10年後のことだった。

室屋はガルウェイの「バウンス・ヒット法」を応用して、フライト中にコクピット内で叫ぶことによって、集中力を高めている。

操縦をしていると体全体に力が入り過ぎてしまうので、早朝に筋トレやランニングなどを実施して、体をある程度疲労させてから競技に挑む、ということも試みている。

第5章

不動心を確立する

2017年　エアレース・ワールド・チャンピオン

2016年シーズンをふりかえると、室屋は千葉大会を制したものの、目標としていた年間総合3位以内に入ることはできずに6位で終了した。

2017年は、安定して良いパフォーマンスを発揮できるように、勝ち抜ける実力を身につけることを目標とした。

室屋のエアレース機V3はアメリカ製で、空力設計・セットアップをブラジル人のエンジニアがおこない、フライト解析やコーチングをアメリカ人が担当することでチームを支えている。オフシーズン中は皆母国に帰っているので、そのあいだはオンライン上でやり取りをしている。

室屋：「エンジニアはつねに新しいことを試したがっていましたが、機体の安定性も考えて改良しすぎないように、かなりのやりとりを重ねました」

とはいえ、開幕までに時間はあまりにも少なく、操縦系統の安定性と冷却装置の効率を向上させたが、大きな改良に取り掛かることはできなかった。

室屋のフライトレベルは確実に向上し、トレーニングの成果により肉体の調子も上がっていた。疲労を回復させるために食事に対して今まで以上に気を使うようになり、断食も取り入れた。シーズンを通して、機体のトラブルがなく安定したフライトをおこなうことができれば、目標とするワールドチャンピオンとなれるはずだ。

――開幕戦アブダビ（UAE）

室屋は、オフシーズン中に改良したエンジンのセットアップがうまく機能せず、苦戦を強いられたまま開幕戦を迎えた。フリープラクティスと予選ではオーバーヒートを起こし、エンジンを全開にして飛ぶ事ができない状況でフライトをおこない、10位で決勝に進出した。

その後、徹夜で機体を調整して決勝のラウンドオブ14に臨んだ。対戦相手に勝つために規定の最大荷重10G寸前のフライトでチャレンジするという戦略を立てて、レース開始からスピードに乗って攻撃的に仕掛けていった。かなり危険な賭けとなる際どいライン取りをして、パーフェクトに近いレースをおこなうことができた。だが荷重がわずかに10Gを超えてしまい、オーバーGによる失格で敗退となった。

白石：「初戦から結構期待していたんですよ。2016年の終わりが良く、オフのあいだに色々やっていたので、うまくいくと思っていました。アブダビでは失敗をしてしまいましたが、第1戦で問題が全て出たのが逆に良かったじゃないかという話はしました。初戦で課題が出たらあとは直せばいいだけですから」

「ワールドチャンピオンになる」と公言している中で、開幕戦は思うようなレースにならなかった。だが、機体のトラブルという不運に見舞われながらも、室屋は自身の調子はかなり上がっていることを実感していた。

室屋：「白石先生と出だしの開幕戦が大事であるという話をずっとしていましたが、いきなり落としてしまったので悔しかったです。しかし、レース全8戦で全勝を目標とするのではなく、2戦くらいは落とすだろうとイメージをしていたのが良かったですね。第2戦まで2ヵ月もあると考えて、積極的に切り替えることにしました」

室屋は心を整理するために再びマンダラを作成して、表出した課題を全て整理した。そして、チーム内で徹底的に見直しのミーティングを重ねると、方向性が定まり結束力が高まっていった。

――第2戦サンディエゴ（アメリカ）の優勝

セッティングに時間をかけたことで、サンディエゴでの第2戦を迎えるころには、機体は最高の状態に仕上がっていた。フリープラクティスでは果敢に攻めて好記録を出すことができたので、自信をもって予選に挑んだ。ところが、予選で過去に何度も味わった緊張感と集中力が途切れる状態にさいなまれ、タイムは1分1秒384となって10位で決勝に進出した。

決勝のラウンドオブ14では、予選の反省を生かしながら攻撃的なフライトをおこなった。対戦相手のピート・マクロードは59秒738という好タイムであったが、室屋も予選の時よりも2秒近く縮めて59秒280で勝利を挙げた。

次のラウンドオブ8では、マルティン・ソンカとの接戦を制して、ファイナル4へと進んだ。

ファイナル4で1番目に飛んだ室屋は、58秒529を記録して、続く3選手に大きなプレッシャーをかけることができた。

その結果、マティアス・ドルダラー、カービー・チャンブリスはフライトミスによりペナルティを課され、ピーター・ポドランセックも1分0秒454に終わり、室屋はシーズン初の優勝を飾ることに成功した。

サンディエゴ大会は、室屋の一人舞台だったと思われるかもしれない。しかし、舞台裏では、培ったメンタルトレーニング効果が大いに発揮されていたのである。

——ライオンになる

室屋：「第2戦が始まる前に、なぜか異常な緊張感がありました。予選の成績も良くなく、本戦に入るとしばらく感じていなかった緊張が急に襲ってきて「やばい」と思いました。すると、頭の中に雑念が入ってきて、あれこれと考えてしまいました」

原因不明の緊張状態に陥った室屋は、どうにか改善しようと、白石のメンタルトレーニング講座CDを懸命に聴いた。そこには、「動物になれ！」というアドバイスがあったのだ。

白石：「十数年前に出した15巻、のべ20時間ものCD講座です。これまで指導してきた選手たちには、たいてい聴いてもらっています。その中に、わたしがアトランタ・オリンピックで日本女子バスケットボールチームのコーチとして指導したときに「動物になれ」と話したことについても触れています」

アトランタ・オリンピックでは、日本女子バスケットボールチームは、20年ぶりとなるオリンピック出場だった。しかし、予選リーグの全5試合のうち、初戦は日本の実力ではまるで歯が立たないロシア、2戦目は世界2位の中国、その次が世界1位のブラジルという組み合わせだった。

たとえ初戦から3敗したとしても残りの2戦を勝てば、グループリーグ4位となりぎりぎりで決勝トーナメントに進出できる可能性があった。チーム内でも前半戦で力を温存して、最後の2戦に懸けようという戦略で一致していた。だが、初戦を73対63でロシアに敗れた日本の選手たちは、「中国にはどうしても勝ちたい！」と言い出したのだ。

白石：「中国は40年間で1度しか勝ったことがない相手ですからね。究極のゾーン状態に入って120％の力を出さなければ、日本は勝てないと思いました。そのため、わたしは『人間をやめてくれ』と言ったのです」

オランダの現象学的精神学者ボイテンディークは、人間以外の動物には2つの助動詞しかないと述べている。たとえば「わたしは食べる。（I eat.）」という一文を、人間は食べることを「can（できる）、will（しよう）、must（ねばならない）、shall I（べきか・しようか）、may I（してもいいか）」と、色々考えることができる。

一方、動物は「食べねばならない（must）から食べる（can）」しかないのだ。それゆえライオンは満腹のときに獲物が前を通りがかっても食べたりはしない。人間は食事でおなかがいっぱいになっても、デザートを別腹で食べることがあるし、おなかが減っていてもダイエットをしなければならないので食べない選択をすることもある。

白石：「行動の選択肢が5つもあるというのは、まさに人間を人間たらしめているところではあります。しかし動物にはない、『……したい（will）』、『……すべきか（shall）』、『……してもいいだろうか（may）』などは、勝負の場で瞬間的な判断を遅らせたり歪めたりする可能性があるのです。肝心要なときに究極の集中状態であるゾーンに入るためには、ただ目の前のなすべきことをなすというシンプルさが必要です。アトランタの選手たちにも、折りに触れてそんな話をよくしていたのです。ですから、中国にどうしても勝ちたいという選手たちに、それなら明日は猛獣になって暴れまくってこいと言ったのです」

白石の話を聞いた萩原はライオンになると言い、ほかの選手たちも口々に豹や虎になると言った。彼女たちは言葉どおり、動物のように相手に襲いかかり、中国から大金星を挙げて、グループ4位で決勝トーナメント進出を決めた。ＣＤでこの話を聴いた室屋は、予選の1時間前に、人目のないところでライオンのように「ガーッ！ガーッ！ガオーッ！」と、5分以上吠えつづけた。すると、頭の中で余計なことを考えなくなり、緊張を取り除くことができたのだ。それからは、レース開始前にも動物になりきって叫ぶようになった。

白石：「緊張とは交感神経活性の極みです。顎関節に自律神経の束があり、叫ぶことによって交感神経活性が副交感神経活性に変わるみたいなんですよね。ヨーガにもライオンのポーズというのがありまして、口を大きく開け舌を出して『ガーッ！』と吠えるんです。ライオンのポーズをやると風邪を引かなくなりますよ」

――第3戦千葉での快進撃

強風が吹き荒れる中でおこなわれた予選は、大半の選手がペナルティを受ける事態となった。そんな中でも、室屋は冷静に集中しながら力を発揮し、予選を4位で終了した。

決勝のラウンドオブ14で対戦相手で先に飛んだペトル・コプシュタインが、55秒846という好タイムを記録した。室屋もほぼ同タイムでゴールをしたため、勝負の行方がどうなったのかという緊迫感が会場に漂っていた。掲示板にタイムが表示されると、わずか0・007秒の差で室屋が勝利を収めたことがわかり、観衆は大歓声を上げた。

白石：「1000分の7秒の僅差に、会場は大盛り上がりでした。勝負の世界では『勝ちに不思議あり、負けに不思議なし』と言います。勝つときは不思議なことばかりだけど、負けるときは必ず原因がある。そんなふうに感じる試合だったと思います」

続くラウンドオブ8で室屋は、昨年総合2位のマット・ホールと対戦した。室屋が勝負所と判断して積極的なレース展開をしたところ、ゲート7で水平角度違反のペナルティを受けてしまい、敗退が濃厚となった。だが対戦相手で次に飛んだマット・ホールも、ゲート11で機首角度違反の痛恨のペナルティを犯してしまったのだ。運も味方し、どうにか室屋は勝利を挙げてファイナル4へ進出した。

前年の千葉戦は、他の選手を寄せ付けない完璧なレース展開をして優勝した。しかし今回は、ラウンドオブ14とラウンドオブ8ではかなりの苦戦を強いられてしまった。ファイナル4で1番目に飛んだ室屋は、果敢に攻めながらも安定したフライトをして55秒288秒でフィニッシュした。

果たして室屋のタイムが後続の選手たちにどれだけのプレッシャーとなって圧し掛

かったのだろうか。続くペトル・コプシュタインは、ミスを犯すことなくフライトをしたものの室屋から約0・5秒遅れでゴールをしたため、室屋の表彰台入りが確定した。次に飛んだマティアス・ドルダラーとマルティン・ソンカが、積極的にスピードに乗って攻めた結果ペナルティを受けたことで、室屋の優勝が決定した。室屋は、サンディエゴ大会に続く自身初の2連勝を成し遂げた。

母国大会は多くの注目を集め、期待を背負うため、優勝はより一層難しいと言われている。室屋はその期待をプレッシャーではなく、応援だと受け止めて自身の力に変えていた。そして、千葉大会の優勝により年間ランキングでも1位に躍り出た。

接戦に次ぐ接戦を制した室屋は、前年の千葉大会で優勝したときの感極まった涙とは異なり、今回は晴れやかな笑顔を見せていた。

千葉戦の2連覇に周囲は想像以上に湧きたち、室屋は無数の祝福とメディア対応に忙殺された。徐々に疲労がたまり始め、わずかながらフィジカル面とメンタル面が下降し始めていると感じていた。

室屋：「今年はほんとうに神様に助けられました。1戦目は1000分の7秒差で勝って、2戦目は負けたと思ったら相手のミスで勝って、最後も相手のミスがなければ1位ではなかったので不思議な気持ちでした」

第4戦ブダペスト（ハンガリー）で年間総合1位をキープ

室屋はフリープラクティスから順調なすべり出しをみせ、予選を2位で通過した。決勝のラウンドオブ14では、マティアス・ドルダラーと対戦した。予選で室屋が59秒950という好タイムを記録したことが、ドルダラーに大きなプレッシャーをかけた。攻めるフライトをおこなったドルダラーはオーバーGによる失格となり、室屋がラウンドオブ8へ進出した。

ラウンドオブ8で対戦したマット・ホールにも相当なプレッシャーがのしかかり、攻めすぎた結果オーバーGで失格となり、室屋はファイナル4へ勝ち上がった。

ファイナル4で1番目に飛んだカービー・チャンブリスは、1分0秒632という驚異的なタイムを記録した。続くピート・マクロードも1分0秒740と、チャンブリンスに迫るタイムでフィニッシュした。3番目のマルティン・ソンカはペナルティにより戦線から離脱した。最後に飛んだ室屋は、チーム戦略通りの安定的なフライトをおこない、3位で第4戦を終えた。

――第5戦カザン（ロシア）での失速

室屋は前半戦を終了した時点で39ポイントを獲得し、総合ランキング1位の座を維持していた。念願の世界王者は、もはや夢物語ではなくなっていた。「残りの4戦でも実力を発揮できれば、必ず世界一になれる！」と手応えを感じて挑んだ第5戦カザン。そこには思わぬ落とし穴が待っていた。

予選ではフライトの内容にキレがなく、9位となった。室屋はこのとき、体調と集中力が共に落ちているのを実感していた。

決勝当日も早朝から強風と豪雨が会場全体を包みこみ、最悪なコンディションでのフライトを余儀なくされることとなった。ラウンドオブ14のレース前、室屋は荒れる雲が上空にかかっている様子を見わたしているうちに、集中力が途切れてしまったのだ。

ゲート10でパイロンにヒットすると「あきらめ」の感情が芽生え、ゲート14では致命的ともいえるインコレクトレベルを引き起こして5秒ものタイムが加算され、敗退した。対戦相手のマット・ホールも、ゲート3でのパイロンヒットによって3秒のペナルティーを受けていた。室屋が2つ目のペナルティーを受けなければ、勝利できていたのだった。

数年ぶりに巻き起こった「あきらめ」の感情は、メンタルにおいて絶対に排除しなければならないことをよく理解していただけに、非常に大きな反省材料となった。

白石：「ロシアでボロボロになった室屋くんが日本に帰ってきたときに、『ダメでしたね、あれは。最初からあきらめていました』と言ってきたので、また大分変わってしまったなと思いましたね」

室屋に起きた「あきらめ」の感情は、メンタルマネジメントによって排除できることであった。さいわい第6戦までに1ヵ月以上あったため、室屋はオフ期間を1週間確保して休養した。さらに目標設定を再度見直し、心身ともに一新して残りの3戦に備えた。

——必殺技「ウルトラC」の開発

心機一転臨んだ第6戦のポルト（ポルトガル）では、レース会場のエアポートへ機体が着陸した瞬間、フレームにヒビが入るという予期せぬトラブルが起こった。レースの出場辞退が濃厚かと思われたが、チーム室屋以外の各チームからもエンジニアが駆け付け、予選の早朝までにどうにか修復することができた。

室屋は予選前日のフリープラクティスに出られなかったため、不利な状況であった。だが予選で1分7秒972を記録し、3位という好位置に付けた。

ラウンドオブ14ではピーター・ポドランセックと戦い拮抗した勝負となったが、予選を上まわるタイムを出した室屋がラウンドオブ8へと駒を進めた。

ラウンドオブ8では、この時点で室屋と同じ39ポイントを獲得して世界王者を争っていたマルティン・ソンカとの対戦となった。ここでソンカを叩けば、優勝争いに大きなアドバンテージをつくることができる。もちろん、ソンカにとっても同じ状況で、ラウンドオブ8は事実上の天王山と目されていた。

室屋はスタート時にスピード超過のペナルティによって1秒加算され、タイムが1分8秒414となった。対するソンカは1分7秒991を記録し、僅差で勝敗は決した。

ソンカはファイナル4も勝ち抜き、シーズン2度目の優勝を飾った。この敗戦により室屋の総合ランキングが4位にまで後退し、1位のソンカとの差が10ポイントにまで開いてしまった。

エアレースでは1位は15ポイント、2位は12ポイントを獲得する。残り2戦をかりに室屋が制したとしても、ソンカが次の第7ラウジッツで4位以下にならない限り、自力では追いつくことはできない差だ。

優勝争いから大きく遅れをとってしまったが、厳しい状況の中でも禍を転じて福となす。室屋は第7戦の地ラウジッツ（ドイツ）に向かう途中、思わぬ発見をしたのだ。

室屋：「ポルトガル戦を終えた帰りの移動中に、空港で他国チームのエンジニアがGのセンサーの動きについて何気なく話していたのです。わたしは違和感をおぼえて、どういう考えなのかを冷静に分析してみました」

室屋は早速エンジニアたちに自分の考えをぶつけて、世界の共通認識とは違う新しい飛び方を提案した。その考えは計算上では短時間で解明することができなかった。

そこで、トレーニングフライトを重ね、100データほどを集めて比較してみると、明らかに速くなることがわかってきた。

これを本番でおこなうことができれば、見た目はほぼ変わらないうえにペナルティーも取られにくくなる。しかも、誰もおこなったことのないテクニックだ。

ラウジッツ戦に向けての7日間を、そのセオリーの解析実験に費やした結果、「ウルトラC」と呼べる新テクニックを開発したのだった。

白石：「ポルトガルであのようなことがあったのに、わたしに電話がかかってこなくて心配しましたね」

白石が言うように、予選前にトラブルがありラウンドオブ8で敗退したのにもかかわらず、室屋は珍しく白石に連絡をしなかった。なぜなら、室屋は逆転優勝に向けて必殺技を創り出し、次のレースで勝利するために全精力を注いでいたからなのだ。

──第7戦ラウジッツ（ドイツ）での神がかった一戦

室屋：「それまでは自分に言い聞かせていましたが、レース本番で感じたことはなかったですね。スポンサー、ファン、メディア、白石先生がいるので、やっぱりどこかで勝たなければいけないという気持ちがありました。でも、第7戦のファイナルを飛ぶ前に、『パイロットを続けてきて良かったな』と、こみ上げるものがありました。それは緊張しているわけでも、リラックスをしているわけでもなくて、不思議な感覚でした」

ある世界の中に入って没頭することを「集中の極み」と言う。いわゆる「夢中」になるという状態だ。この領域には集中しようと思っていてもたどりつけない。室屋は空港で耳にした話をヒントに、飛行場で100回もデータを採って試行錯誤を繰り返した結果、必殺技の開発に成功した。

ふりかえると、ドイツ戦には最終戦の予兆があった。「ゾーン」に入って、必殺技を駆使し、技術的にも確実に勝利することができたのだ。まさに完璧な勝ち方だった。

白石：「第7戦から帰ってきて話したときに、ファイナルを飛ぶ直前の話を聞いて、

『ゾーン』に入ったのだなと思いました。全部預けきって、無心でやれたんですよね。ほんとうに強くなったなと感じました。勝ちたいとか失敗したらどうしようといったように結果ばかりを気にしていた7年前に比べれば、はるかに高い境地に達したんだなと感じました」

室屋はラウジッツ予選前のフリープラクティスと予選でハイレベルなフライトを展開し、1位と僅差の3位で決勝へ進出した。

決勝ラウンドオブ14とラウンドオブ8では対戦相手を寄せ付けず、ファイナル4へ駒を進めた。ファイナル4では、1番目に飛んだマット・ホールが50秒846というかなりの好タイムでフライトを終えた。後続の選手たちに大きなプレッシャーとなったはずだが、2番目の室屋は抜群のライン取りによるフライトで50秒451を記録して、ホールを抜き去った。そのあとに飛んだマルティン・ソンカは、室屋のタイムを追い越すことはできなかった。室屋が見事、2017年シーズン3度目の優勝を勝ち取ったのであった。

室屋：「最終ファイナル4に向かう途中、観客席にいるお客さんがたくさん見えました。

自分はこんなにも大観衆の中で、こんなに好きな飛行機に乗れて、『いいなぁ、こんな人生は悪くないな』と、心の底から幸せを実感しましたね。そうしていると、まだわずかに残っていた緊張感がすっかり消えて集中することができました」

白石も、室屋がめざしていた領域にたどりついたことを実感した。室屋は、ドイツ戦の最中、白石に電話をすることがなかったのだ。それだけレースに没頭しており、悩みや不安がなかったことを示している。

白石：「第7戦を終えて、福島で室屋くんと食事を共にしました。7戦中3勝していながら、勝ちたいという気持ちよりも『この舞台で優勝ができてしまうなんてすごいことですよね。感謝しています』という言葉を聞いて、遂にここまできたかと思いましたね」

室屋の年間総合ランキングは、2位に浮上した。

第7戦終了時点の年間総合ランキング
1位　マルティン・ソンカ（63ポイント）
2位　室屋義秀（59ポイント）
3位　ピート・マクロード（56ポイント）
4位　カービー・チャンブリス（52ポイント）

エアレースの最終戦は約1ヵ月後の10月14日、15日にインディアナポリス（アメリカ）で開催となる。年間総合ランキング1位〜4位までの選手に世界王者の可能性がある中で、レースは大接戦となった。

――第8戦最終インディアナポリス（アメリカ）、最後の戦い

最終戦の激しい優勝争い。周囲は超加熱状態だった。ラウジッツでゾーンを体験し、周囲の期待を一身に背負った室屋だったが、予選は1分7秒732と振るわず、11位で決勝ラウンドオブ14を迎えることとなった。フライトタイムそのものは1分5秒732と、全体の中でもそれほど遅いものではなかったのだが、後半の第11ゲートで

インコレクトレベルというミスを犯し、2秒のペナルティーを課せられてしまったのだ。

しかも、決勝は1回戦からソンカと激突するのである。予選終了後、室屋はアメリカから白石に電話をした。

メンタルを立て直すような、ありがたい話を聞けるかと期待していたわけだが、「1回戦でソンカと当たるなんて、わざと狙ったの?」と返されて驚いたという。そして、「1回戦に勝てば、ソンカはポイント0だから、逆転優勝のチャンスが高くなるじゃない。ここは腹をくくってやるしかないだろう」とあっさり告げられて、室屋があれこれ言い返す間もなく電話は切られてしまった。

室屋は釈然としない気持ちながら、不思議と緊張は消えて、心がとても落ち着いた。アドバイスよりも白石の声が聞きたかっただけだったのかもしれない。

「アドバイスどおり、今やれることをやるしかない」

明日までにできることは限られている。明日の天候予想に応じてイメージトレーニングをおこない、今までお世話になった多くの人に感謝し、結果のいかんにかかわらず全力を尽くすことを誓って、十分に睡眠をとり体調を万全に整えることにした。

ラウンドオブ14第1組目は、フランスのミカエル・ブラジョー対ランキング3位のピート・マクロードの対戦となった。パイロンが大きく風で揺れる中、ブラジョーが飛び立った。彼は強い風の中で慎重に機体をあやつり、大きなミスもなく1分6秒752というまずまずのタイムでゴールした。

続くは、室屋と同じく逆転で年間世界一のチャンスが残っているピート・マクロードである。彼も安定した飛行ぶりで、大きなミスもなく1分6秒598というタイムでゴールに飛びこんできた。

しかし、ゴールに飛びこんだ最後の瞬間に、強風のため左に機体が流され、左の翼がパイロンをヒットしてしまったのである。このミスがなければ0・154秒というわずかな差ではあったが、ピートがミカエルを下しラウンドオブ8へ進出したはずだった。パイロンヒットは3秒のペナルティ。この結果、ピートの年間世界一という夢はあえなくついえた。

もう1人、年間世界一の可能性をわずかに残す、カービー・チャンブリスも振るわなかった。ファン・ベラルデを相手に、4秒もの後れを取る1分9秒585で、ラウンドオブ14であっさり敗退してしまったのだ。

強風をものともせず、室屋は快調なスタートを切った。室屋自身も今までにない深いゾーン状態だったという。スタートしてわずか25秒後の第4ゲートで機体は風に大きくあおられ、インコレクトレベルのペナルティ2秒を課されてしまった。

しかしミスがあってもあきらめないことをフライト前からプランに組みこんでいた室屋は、すばらしいフライトでゴールに飛びこんできた。タイムは1分6秒134。もしペナルティがなければ、1分4秒13というとてつもないタイムではあるものの、ソンカが実力を発揮すれば室屋のタイムを上まわるのは確実であった。

しかし、ソンカは痛恨のパイロンヒットで3秒のペナルティを課せられた。タイムは1分7秒866。室屋の勝利である。

しかし、物語はここで終わらなかった。室屋に敗れたソンカは、敗者の中で最速タイムを記録し、ラウンドオブ8に復活。室屋とソンカはそろってラウンドオブ8を突破し、優勝争いはファイナル4まで持ち越された。

最後の直接対決——。固唾を呑んで見守る大観衆を前に、1番手に登場した室屋は1分3秒026という驚異的なコースレコードを記録。マティアス・ドルダラー、フアン・ベラルデを2秒以上引き離す神がかったフライトを見せる。

ただし、ソンカが2位になれば室屋の年間総合優勝はなくなる。最後の最後まで結果はわからない優勝争いであった。ソンカはノーペナルティのフライトを見せるものの、機体にトラブルを抱えており、最後のバーチカルターンで失速。1分7秒280

に終わる。

この瞬間、優勝は室屋、2位ドルダラー、3位ベラルデに決まった。室屋の悲願がついに達成されたのだ。

おわりに

王者としての戦い

室屋はレッドブル・エアレース史上初のアジア人として栄冠を獲得し、歴史に名を刻んだ。王者の宿命か、多くの称賛とともに、多くのプレッシャー、多くの期待が雪崩のように押し寄せてくる。

「今年は王者として、どんな戦いをしますか？」

取材のたびに、メディアからは異口同音に質問が繰り返される。どうやって世界を勝ち抜くのか、どう王座を死守すればいいのか……。周囲の熱が高まれば高まるほど、室屋は「チャンピオンを防衛するため」という考えから抜け出せなくなっていた。

白石：「室屋くんから『皆からディフェンディングチャンピオンと言われて、気持ちが晴れないんです』と言われたんですよね。『そんなことを言ってる選手は二度と勝てないよ。勝ちつづける人は将棋の羽生善治さんのような自分を見うしなわない人なんだ』と伝えました」

室屋はある種マスコミの催眠術にかけられていたのかもしれない。白石の言葉で、自分が誤った方向に進みかけていたことに気づいた。世界で勝ちつづける日本男子体操の選手たちのように進化していくことをめざし、室屋は新しい目標を打ち立てた。シーズンが始まるまでに、技のみならず機体など技術を改良して、新たな「ウルトラC」をつくり出すのだ。

室屋：「先生から自分自身をよく見なさいと何度も言われてきました。当初はまったく理解できませんでしたが、最近わかり始めてきました」

室屋は白石と出会ってから、メンタルが鍛えられると共に、自分自身の価値観や競技への情熱、家族の大切さなど、競技以外の事柄も整理され、人生そのものを一歩一歩落ち着いて歩めるようになってきているのだ。

ステージが上がるたびに、大きなプレッシャーに直面しながらも、室屋の周りには白石のように、見返りを求めずに力になろうとしてくれる人たちが数多くいる。室屋も自分なりに何かしらのお返しをしようとするが、そのたびに「お礼は必要ない。次の人に送ってあげればいいんだよ」とやさしく諭されるのだ。

今、室屋は何十年も先となる未来を見据えて、パイロットをめざす子どもたちが飛行機に乗ることができる環境づくりと日本に航空文化が根付くように尽力している。自分がどう恩返しすればいいのかを考えた室屋なりの恩送りだった。

白石：「30年間、いろんなトップアスリートを見てきましたが、皆、室屋くんのようになっていきますね。最初は皆、自分がいかに勝てるようになるかを必死に考えてメンタルトレーニングに取り組むわけですが、学べば学ぶほど、人間的に一皮も二皮もむけるのです」

アスリートとして活躍すればするほど、周りからもてはやされ、大金をつかめるようになる。そこで、自分が特別な存在であるかのように振る舞ったり、名声にしがみついたりすれば、競技者としての人生は簡単に壊れてしまう。そのとき失うのは、お金に代えることのできない、支えてくれていた人たちやかけがえのない仲間なのだ。

選手として頂点をめざしつづけながら、恩返しや次世代のことまで考えられるようになってくると、競技者としても、自然と良い結果を出せるようになる。

室屋が世界一になって得た最大の気づきは、「心（想い）の力の真相」だという。

それこそが、競技をするための環境、理解、苦難を共に立ち向かう仲間、といったかけがえのない財産を築くことになった。

確かに、選手はみんな優勝トロフィーを求める。本来それは結果として付随してくるものであり、優勝という1つの目標へ向かっていく過程で積み重ねてきたものこそが、チャンピオンにふさわしい王冠なのである。ここに気づけた選手は、競技の面白さが増し、目標がより明確化され、より強いチームをつくり上げていけるようになる。

2018年レッドブル・エアレース・チャンピオンシップに臨んだ室屋は、2月2日のアブダビ戦で予選から安定したフライトにより3位で決勝へと駒を進めた。

決勝のラウンドオブ14とラウンドオブ8では、他のパイロットたちを寄せ付けない圧巻の勝利によりファイナル４へ進出した。室屋は予選から３フライトで、ノーペナルティーで完全無欠の戦いを披露した。

ファイナル４の対戦相手は、マイケル・グーリアン、マルティン・ソンカ、カービー・チャンブリス。４番目に飛んだ室屋は、惜しくもマイケル・グーリアンが記録した53秒６９５にわずか０・３秒及ばず２位となった。

世界王者としての初勝利はお預けとなったものの、自身初の開幕戦初勝利目前にまで迫る上々のすべり出しとなった。

８年前、白石の門戸を叩いた室屋は１人悩み、もがき苦しんでいた。「世界一になる」という夢だけが支えとなり孤軍奮闘しながら大空を駆け抜けていた。

しかし、今は隣を見れば、自分を支え、助け、一緒に飛んでくれる人たちがいる。

チーム室屋として飛ぶかぎり、高く高くどこまでも高く、最高峰の舞台で可能性の翼を広げつづける。

それが王者としての新しい戦い方なのだ。

白石 豊（しらいし・ゆたか）

メンタルコーチ／朝日大学教授／福島大学名誉教授

1954年、岐阜県生まれ。筑波大学大学院体育研究科修了。体操選手を経て筑波大学男子体操部のアシスタントコーチとなり、同部は13年ぶりとなる大学日本一に。30歳のときヨーガと出会い、体だけでなく気・心も整える「心身調律プログラム」を開発。メンタルトレーニングの指導を受けに来るスポーツ選手たちに向けて、30年以上指導し続けている。独自のメンタルトレーニング理論により、女子バスケットボールの五輪日本代表チームをはじめ、スピードスケート五輪銀メダリストの田畑真紀選手、2005年最多勝を挙げたプロ野球下柳剛投手や日本ハムファイターズの田中賢介選手など、数多くのスポーツ選手を指導。さらに、2010年サッカーワールドカップ日本代表、岡田武史監督のチーム作りをサポートした。主な著書に『実践メンタルトレーニング――ゾーンへの招待』（大修館書店）、『心を鍛える言葉』（NHK出版）、『本番に強くなる』（筑摩書房）、『勝利する心――東洋の叡智に学ぶメンタルトレーニング』（サンガ）、『日本人を強くする』（岡田武史氏との共著、講談社）など。

写真提供／
白石 豊

室屋 義秀（むろや・よしひで）

レッドブル・エアレース・パイロット／エアロバティック・パイロット

1973年生まれ、福島県在住。幼少期よりパイロットを志す。

2009年からレッドブル・エアレース・ワールドチャンピオンシップに参戦。ハードワークと集中力を誇るパイロットとして知られる。2016年、千葉大会で初優勝。2017年シリーズではアジア人初の年間総合優勝を果たす。

ルーキーシーズンの2009年に好調だった反動で、2010年シーズンにメンタルコントロールが不十分となる。メンタルトレーニングの勉強をする中で白石豊の著作に出会う。以降、メンタルトレーニングの指導を受ける。

国内ではエアロバティックス（曲技飛行）を周知させる活動の一環として、全国各地でエアショーを実施。世界中から得たノウハウを生かして安全推進活動にも精力的に取り組み、福島県と共に子ども向けの航空教室を開催するなど、スカイスポーツ振興のために活動している。福島県「ふくしまスポーツアンバサダー」。福島県・県民栄誉賞 受賞。著書に『翼のある人生』（ミライカナイブックス）。

世界一のメンタル

2018年（平成30年）8月15日　第1刷発行

著　者　　白石豊　室屋義秀
発行者　　青木仁志
発行所　　アチーブメント株式会社
〒141-0022 東京都品川区東五反田4-6-6
高輪台グリーンビル
TEL 03-3445-0311（代）／FAX 03-3445-2310
http://www.achievement.co.jp
発売所　　アチーブメント出版株式会社
〒141-0031 東京都品川区西五反田2-19-2
荒久ビル4F
TEL 03-5719-5503／FAX 03-5719-5513
http://www.achibook.co.jp
[twitter] @achibook
[facebook] http://www.facebook.com/achibook
[Instagram] achievementpublishing

装丁　　鈴木大輔・江崎輝海（ソウルデザイン）
本文デザイン　　田中俊輔（PAGES）
イラスト　　内山弘隆
校正　　株式会社ぷれす
カバー、本文中写真　今原太郎
編集協力　　佐久間秀実
印刷・製本　　株式会社光邦

ISBN 978-4-86643-030-0